# LICHT & LIEBE

Kolophon

Licht & Liebe
*Zuhause-Ankommen bei Dir selbst*


www.gluckselig.nl

Erste Ausgabe: Juli 2016
Zweite Ausgabe: Januar 2021
Dritte Ausgabe: Mai 2023
Vierte Ausgabe: Februar 2025

Übersetzung: Inge Privée, Anelan Grigorieff
Korrektorat: Uta Beutel

Verlag: ZielsGelukkig

ISBN-Nummer: 97894-6328-051-8
NUR: 720

# Licht & Liebe

*Zuhause-Ankommen bei Dir selbst*

Marie-Claire van der Bruggen

# Inhalt

Angenommen, Du schläfst?
Und angenommen, Du träumtest während Deines Schlafes?
Und angenommen,
Du gingest in Deinem Traum in den Himmel
und pflücktest dort eine wunderschöne Blume?
Und angenommen,
Du hättest die Blume beim Aufwachen noch in Deiner Hand?
Ja, was dann ...?

*Samuel Taylor Coleridge*

# Vorwort

Liebe Leser,

Ich bin glücklich und dankbar, daß ich wieder ein Buch schreiben durfte, um Ihnen zu helfen sich zu Er-Innern, wer Sie wirklich sind und woher Sie eigentlich kommen. Mit diesem Buch und auch mit meinen anderen Büchern ist es sicher nicht meine Absicht, Ihnen völlig neue Informationen zu geben, sondern vielmehr, Ihnen dabei zu helfen, sich an das zu Er-Innern, was Sie tief in Ihrem Innern bereits wissen, aber vergessen haben. Denn alles, was Sie in meinen Büchern lesen, wissen Sie auf Seelenniveau bereits schon. Sie werden deshalb auch während des Lesens oft ein Gefühl des Wiedererkennens haben. Es ist Ihr eigenes inneres Wissen, das dann erwacht und das kann Ihnen sehr viel Freude und ein Glücksgefühl schenken. Dies wird Sie als Seele sehr bereichern und Ihr Leben auf Erden ein Stück einfacher machen. Ich hoffe deshalb, daß Sie in meinen Worten das Licht und die Liebe von Zuhause fühlen und erfahren werden und ich wünsche mir, daß Sie durch das Lesen dieses Buches ein bißchen mehr bei sich selbst Zuhause ankommen dürfen.

Marie-Claire

Du bist hier auf Erden, weil Du etwas mitträgst,
das wertvoll ist für alle Menschen.

# 1
# Eine besondere Reise

Kennst Du das? Du liegst ruhig im Bett, Deine Augen fallen zu und langsam fällst Du in tiefen Schlaf. Und dann fühlst Du auf einmal ein Zucken durch Deinen Körper hindurchgehen. Es ist fast so, als würdest Du fallen. Und eigentlich ist das auch so. Deine Seele fällt nämlich in dem Moment buchstäblich in Deinen Körper zurück. Denn, weißt Du, wir sind nicht unser Körper, sondern eine Seele in einem Körper, und nachts, wenn unser Körper schläft, gehen wir eben wieder an den Ort zurück, wo wir herkommen. Ich nenne das Zuhause.

Wir machen das, um uns selbst, als Seele, wieder mit der Energie von Zuhause aufzuladen. Aber auch, um dort zwischendurch neue Erkenntnisse und Erfahrungen zu sammeln, die wir dann wiederum in unserem irdischen Leben gebrauchen können, um unseren Seelenplan so gut wie möglich zu erfüllen. Auch können wir in unserem Schlaf Begegnungen mit geistigen Führern, Engeln und bereits verstorbenen geliebten Menschen haben. Das ist der Grund, warum Menschen oft von ihren verstorbenen Lieben träumen. Eigentlich ist das dann überhaupt kein Traum, sondern etwas, das Du auf Seelenniveau wirklich erlebst. Besonders, was? Es kann auch sein, daß Du während Deines Schlafs nicht nach Hause gehst, sondern als Seele eine liebevolle und hilfreiche Unterstützung für andere bist, wo auch immer auf der Welt. Erkennst Du das Gefühl wieder, daß Du eines Abends früh ins Bett gehst, die ganze Nacht gut durchschläfst und den nächsten Morgen doch todmüde wach wirst? Dann kann es also sein, daß Du während Deines Schlafs schwer beschäftigt warst und daß Du Dich nicht Zuhause hast aufladen können. Du hattest sozusagen andere „Beschäftigungen". Hierfür entscheidest Du Dich übrigens in dem Moment als Seele ganz bewußt.

Was geschieht denn eigentlich, wenn Du mit solch einem Zucken plötzlich aufschreckst? Wenn Du in den Schlaf fällst, löst sich Deine Seele langsam von ihrem Körper. Aber nie vollständig. Deine Seele bleibt immer mit einer energetischen Schnur, auch die Silberschnur genannt, verbunden. Dies ist sozusagen die Nabelschnur der Seele. Solange diese Schnur nicht durchtrennt ist, kann eine Seele sich nie vollständig von ihrem Körper lösen. Selbst wenn sie einen Großteil der Zeit nicht darin verbringt, beispielsweise während Deines Schlafs. Es ist genau wie bei einem Baby, das sich noch in der Gebärmutter befindet. Also, beim Einschlafen löst sich Deine Seele langsam von Deinem Körper. Wenn Deine Seele in diesem Prozeß gestört wird, beispielsweise durch eine Bewegung, die Du selbst machst, oder ein unerwartetes Geräusch, dann fällt sie sozusagen mit großer Geschwindigkeit in Deinen Körper zurück. Das fühlst Du als ein Zucken und oft auch buchstäblich so, als würdest Du fallen. Das ist also das, was dann geschieht. Und ich weiß sicher, daß fast jeder dies schon einmal erlebt hat, oder? Bei mir ist es oft so, daß ich nachts aufgeweckt werde von meinem geistigen Führer Charion, der mich dann dorthin bringt, wo ich für mein Wachstum als Seele in dem Moment gerade sein muß. Auf einer dieser nächtlichen Reisen brachte er mich an einen ganz besonderen Ort und darüber möchte ich Euch gerne berichten.

Es war an einem ganz normalen Abend und ich lag ruhig einschlummernd in meinem Bett. Ich fühlte, wie sich meine Seele immer mehr von meinem Körper löste, und langsam fielen meine Augen zu und es wurde dunkel und still um mich herum. Nach einer Weile merkte ich, daß es immer leichter wurde, und ich wußte, daß ich wieder eben kurz Zuhause war. Oft sah ich in der Ferne jemanden stehen und ich fühlte, daß es mein geistiger Führer Charion war. Ich lief auf ihn zu und umarmte ihn. Es war immer wieder so schön, ihn zu sehen und bei ihm zu sein. Ich war sehr neugierig, was er diesmal für mich in petto hatte.

Wir liefen schweigend zusammen durch die wunderschöne Landschaft von Zuhause und ich fragte ihn, wohin er mich brächte. „Diesmal bringe ich Dich an einen sehr speziellen Ort, Liebes", antwortete Charion, „Du wirst hier sehr viel Weisheit und Einsichten finden und das wird Dich als Seele enorm bereichern und Dein Leben auf Erden ein Stück einfacher machen. Ich werde Dir nicht so viel darüber erzählen, denn es ist gerade wichtig, daß Du es unbefangen erleben kannst. Vertraue einfach darauf, daß dort für Dich nur das Höchste und das Beste geschehen wird und daß Du immer sicher und beschützt sein wirst. Folge einfach Deinem Gefühl und laß es einfach auf Dich zukommen. Ich bin mir sicher, daß Du das sehr genießen wirst."

Ich wurde hierdurch sehr neugierig und ging voller Erwartung mit ihm zusammen weiter. Wir liefen durch einen wunderschönen Wald und als wir an dessen Rand angekommen waren, sah ich, daß wir am Fuße eines Hügels standen. Oben auf dem Hügel stand ein schönes weißes Gebäude. Als wir dichter herankamen, fand ich, daß es wie eine Kathedrale aussah. Das Gebäude war riesig groß und von prächtig angelegten Gärten mit funkelnden Springbrunnen und farbenfrohen Blumen umgeben. Ich blieb stehen und schaute mir die Augen aus. Charion legte seinen Arm um mich, schmunzelte und sagte: „Und, habe ich zuviel versprochen?" „Nein", seufzte ich, „es ist in der Tat ein sehr spezieller Ort und ich bin schon so gespannt, wie es dort drinnen aussieht. Was ist dies eigentlich für ein Gebäude?"

„Ich werde den Schleier für Dich lüften", antwortete Charion, „dieses Gebäude ist die Bibliothek von Zuhause. Es wird auch die Akasha-Bibliothek genannt. Hierin wird die gesamte Weisheit des Universums aufbewahrt. Also, auf alles, das Du jemals wissen möchtest, kannst Du hier eine Antwort finden. Und das ist noch nicht alles, auch die Pläne jeder Seele sind hier archiviert. Hier wird sozusagen Buch geführt über jede Seele, die in verschiedenen Leben und menschlichen Gestalten auf Erden bestanden und sich entwickelt hat.

In dieser Bibliothek kannst Du all Deine Inkarnationen einsehen, sowohl die aus der Vergangenheit, der Gegenwart und auch die der Zukunft. Aber nur, wenn dies für Dein Wachstum als Seele wichtig ist." Ich war eben sprachlos. Das war ganz schön beeindruckend, alle Weisheit und Erkenntnis des Universums in einem Gebäude vereint. Und ich durfte da einfach so hinein!

„Gehst Du denn wohl mit mir mit?" fragte ich Charion. Denn es erschien mir schon sehr spannend, dies allein tun zu müssen. „Nein, Kindchen, dies ist etwas, das Du ganz für Dich selbst erfahren und erleben mußt. Natürlich bin ich mit gewissem Abstand immer bei Dir, das weißt Du, aber der Sinn ist jetzt nicht, daß ich Dich hierbei begleite. Hab Vertrauen. Du brauchst vor nichts Angst haben, es wird eine besondere und schöne Erfahrung für Dich werden. Was ich Dir wohl noch eben mit auf den Weg geben möchte, ist, daß es keine vollständigen Geschichten sein werden, die Du während des Besuchs dieser Bibliothek lesen wirst, sondern vornehmlich kurze Stücke informativer Texte, die für Dich in diesem Moment zu wissen wichtig sind und vor allem auch, um sie zu teilen. Geh jetzt mal schnell hinein und genieße es." Er drückte mich noch eben fest und weg war er.

Da stand ich nun. Ganz allein vor dem riesigen Gebäude. Oder doch nicht. Als ich etwas genauer hinsah, erkannte ich verschiedene Gestalten, die in diese besondere Bibliothek hineinliefen oder daraus herauskamen. Es waren Seelen wie ich, die scheinbar während ihres Schlafs hier einen Blick hineinwarfen. Auch sah ich Engel und andere Lichtwesen rundum des Gebäudes. Es herrschte eine heitere Ruhe und es erschien so, als würde die ganze Umgebung Licht ausstrahlen. Es war eine liebevolle und schöne Energie, die ich fühlte, und je näher ich kam, umso stärker wurde diese. Vor dem Gebäude war eine imposante Treppe und langsam begann ich, sie hinaufzusteigen. Oben angekommen, stand ich vor einer prächtigen weißen Pforte, die sich von selbst öffnete. Neugierig lief ich vorsichtig nach drinnen und was ich dann sah, übertraf echt alles. Ich kam in einen riesigen Saal, von dem viele Gänge ausgingen. Überall standen himmlisch duftende Blumen

in großen weißen Marmorvasen.

Die Mauern waren bedeckt mit weichem, violetten Samt und an der Decke hingen die schönsten Kronleuchter, die ich jemals gesehen habe. Auf dem Boden lag ein herrlicher, dicker Teppich, in dem Du geradezu versunken bist und der all die Geräusche dämmte. Langsam lief ich zu einem der Gänge und sah, daß dieser ganz vollstand mit dicken, alten, antiken Büchern. Auch die anderen Gänge, die von der riesengroßen Halle abgingen, standen voll mit alten Büchern. In jedem Gang waren einzelne bequeme Sofas, auf die Du Dich zum Lesen gemütlich hinsetzen konntest. Ich sah verschiedene Seelen dort sitzen, tief versunken in einem der Bücher. Ich schlenderte weiter und guckte mir die Augen aus. So viele schöne Bücher hatte ich noch nie auf einem Haufen gesehen. Dies war ganz und gar nicht mit einer Bibliothek auf der Erde zu vergleichen.

Ich versuchte hier und da zu sehen, ob ich den Titel eines Buches lesen konnte, aber ich konnte auf keinem einzigen Buch etwas finden. Oh je! oh je!, dachte ich bei mir, woher soll ich nun wissen, welches Buch ich herausnehmen muß, das für mich in diesem Moment wichtig ist zu lesen? In diesem Moment wünschte ich, daß Charion bei mir wäre, um mir zu helfen, das richtige Buch auszusuchen. Dann hörte ich seine Stimme, die sagte: „Folge einfach Deinem Gefühl, Liebes. Die richtigen Bücher werden von selbst auf Dich zukommen." Ich fand diesen Gedanken ein wenig befremdlich und lief ein bißchen ziellos weiter durch die Gänge, als auf einmal meine Aufmerksamkeit auf ein Buch gezogen wurde, welches auf die eine oder andere Weise geradezu aufleuchtete. Es strahlte einfach ein helles Licht aus. Es war, als würde dieses Buch mich rufen. Ich lief darauf zu und nahm es vorsichtig vom Bücherregal. Es war ein sehr dickes Buch und ich erwartete somit auch, daß es sehr schwer sein würde. Aber zu meiner Überraschung war es so leicht wie eine Feder. Ich lief zu einem der Sofas und setzte mich. Ich legte das Buch ruhig auf meinen Schoß und zu meinem Erstaunen öffnete sich das Buch auf einmal von selbst irgendwo in seiner Mitte. Ich machte es mir noch etwas gemütlicher auf dem Sofa und begann, neugierig zu lesen ...

Vertraue auf Deine eigene innere Kraft und Weisheit.

# 2
# Seelenplan und Lebenslektionen

Warum entscheidest Du Dich als Seele dafür, auf die Erde zu gehen? Du kannst es eigentlich als ein großes Spiel ansehen. Du gehst auf die Erde und entscheidest Dich ganz bewußt dafür, alles von Zuhause zu vergessen. Das Ziel des Spieles ist, daß Du, während Du auf der Erde bist, versuchst, Dich wieder an alles zu erinnern. Also daß Du nicht ein Körper bist, sondern eine Seele in einem Körper. Du bestehst aus reiner Liebe und purem Licht und der Sinn ist, daß Du das auf alles und jeden um Dich herum ausstrahlst. Das Ziel ist, soviel wie möglich Licht und Liebe auf die Erde zu bringen und anderen Seelen zu helfen, sich zu erinnern, wer sie wirklich sind. Dies gelingt natürlich nicht mal eben so in einem Leben. Eine Seele benötigt hierfür viele Leben. Wieviele es sind, hängt von der Entwicklung einer Seele pro Leben ab.

Dein Körper ist Dein wunderbares Fortbewegungsmittel auf der Erde. Du kannst es vergleichen mit einem Raumanzug. Diesen Anzug brauchst Du, um Dich im Weltraum und auf anderen Planeten aufhalten zu können. So ist es auch mit dem menschlichen Körper. Er ist gewissermaßen der Raumanzug der Seele.

Als Seele benötigst Du den Körper, um in der schwereren und gröberen Energie der Erde bestehen zu können. Und wenn Deine Aufgaben erledigt sind und Du alles erfahren hast, was Du erfahren und lernen wolltest, dann ist es an der Zeit, den Raumanzug auszuziehen und die Reise zurück nach Hause anzutreten. Eine Seele will sich selbst immer weiter entwickeln und immer weiter wachsen. Natürlich geht das Zuhause auch, aber auf der Erde geht es viel schneller. Dies kommt daher, weil auf der Erde Dualität besteht und davon kannst Du als Seele sehr viel lernen.

Eine Seele geht auf die Erde unter Beibehalt ihres freien Willens, also nichts steht vollkommen fest, nur in groben Zügen. Das bedeutet, daß die Seele alles, was sie will, erfahren kann und darf. Schöne Dinge und auch weniger schöne Dinge. Von den weniger schönen Dingen kann eine Seele oft das meiste lernen. Sie lernt dann nämlich, was sie nun wirklich nicht mehr erfahren will, und entscheidet sich dann ganz bewußt dafür, zurückzukehren zu dem, was sie wohl erfahren möchte. Wenn Du als Mensch versuchst, auf Deine innere Stimme zu hören, dann wirst Du immer den für Dich allerbesten Weg wählen. Wenn Du das nicht tust, wirst Du einen Umweg machen, um dasselbe Ziel zu erreichen. Aber das ist eigentlich nicht schlimm, denn jeder Weg führt letztendlich immer nach Hause!

Auf Seelenniveau hat immer alles einen Sinn. Für eine Seele existiert so etwas wie Leiden nicht, dies ist wirklich etwas, das Du nur auf menschlichem Niveau erfahren kannst. Warum eine Seele sich für bestimmte Erfahrungen entscheidet, weiß allein diese Seele. Und dies hat nichts damit zu tun, ob jemand ein sogenanntes gutes Herz hat oder nicht. Im Wesen ist jeder nur Liebe und

Licht. Eine Seele wählt spezielle Lektionen und Erfahrungen aus, um sich selbst gerade so wieder ihres wirklichen Seins bewußt zu werden: nämlich Licht und Liebe zu sein. Jede Seele ist ein Teil des Universums und kommt hier auf die Erde, um die Erfahrungen zu sammeln, für die sie sich selbst als Seele entschieden hat. Aber vor allem auch, um das Mensch-Sein zu genießen. Das Fühlen, das Schmecken, das Berühren und alles, was Du als Seele ohne Körper nicht kannst.

Zu Beginn jedes neuen Lebens macht sich die Seele auf, bestimmte Lektionen zu lernen und bestimmte Ziele zu erreichen. In einigen Fällen wirst Du als Seele eine spezielle Lektion im Verlauf eines Lebens lernen. Manchmal ist für das Lernen und Integrieren einer Lektion mehr als ein Leben notwendig. Dann machst Du damit in Deiner nächsten Inkarnation einfach weiter. Also eine neue Chance. Und so kann es viele Leben weitergehen, bis Du als Seele diese Lektion vollkommen gelernt und erfahren hast. Eine Seele entscheidet sich immer ganz bewußt für eine bestimmte Lektion oder Erfahrung, also geschieht nichts umsonst.

Alles hat auf Seelenniveau immer ein positives Ziel, nämlich als Seele wachsen zu können in Bewußtsein, Weisheit, Liebe und Licht. Jeder ist auf der Suche nach Licht und Liebe, auch wenn das in Deinen Augen vielleicht auf eine ganz befremdliche Art geschieht. Das Problem für Dich als Mensch ist, daß Du nicht die Totalübersicht hast, die Du als Seele wohl hast. Deshalb sind einige Dinge sehr schwer zu begreifen und zu erklären. Mit dem menschlichen Verstand wirst Du in der Tat sagen: „Wofür soll das nun alles gut sein und warum ist es so schwierig und grausam?" Und doch ist es so, daß Du Dich auf Seelenniveau für

alles selbst entschieden hast. Nichts geschieht umsonst. Auch ein Leben, welches aus menschlicher Sicht furchtbar erscheint. Es geht hier um Erfahrungen, die eine Seele sammeln möchte, um in ihrem Bewußtsein wachsen zu können. Und das ist oft mit dem menschlichen Verstand sehr schwer zu begreifen. Wenn Du dann später wieder Zuhause bist, hast Du eine Komplettübersicht und Du begreifst alles. Eine Seele will einfach alles einmal erfahren haben, also sowohl die schwierigen als auch die einfachen Dinge. Wenn eine Seele sich dafür entscheidet, in einen Körper einzutreten, dann macht sie dies, um Erfahrungen zu sammeln, die ihr als Seele ermöglichen zu wachsen. Und wie komisch das in Euren „Menschenohren" auch klingen mag, dazu gehören auch Krieg und Gewalt. Eine Seele will alles einmal erfahren haben. Also Opfer und Täter sein, Mann und Frau, reich und arm, jung sterben und alt sterben und so weiter. Auf Seelenniveau wählt eine Seele also tatsächlich ein schweres oder einfaches Leben. Es geht also nicht um die Erfahrungen und Situationen selbst, sondern darum, wie Du als Seele damit umgehst. Das ist Wachstum. Wenn Du nach Deinem Leben wieder nach Hause zurückkehrst, ist alles wieder ganz deutlich für eine Seele und oft ist sie dann dankbar für die Momente des Wachstums, die sie auf der Erde erfahren durfte. Wieder geschieht dies auf Seelenniveau, wovon Du in Deiner menschlichen Existenz kaum eine Ahnung hast.
Ihr kommt alle aus derselben Quelle. Du nimmst jedesmal eine andere Form an, aber kehrst immer wieder zu dieser Quelle zurück. Gerade so wie eine Welle in einem Ozean. Ohne Seele kann Dein Körper nicht bestehen. Es ist die Seelenenergie, die ihn am Leben hält. Aber eine Seele kann sehr wohl ohne einen Körper bestehen. Auf Seelenniveau ist jeder miteinander verbunden.

Du kannst das Leben als eine Art Studienreise oder Arbeitsurlaub sehen. Du willst hier auf Erden als Seele allerlei Erfahrungen sammeln und Lektionen lernen. Aber auch das Mensch-Sein und den Planet Erde genießen. Durch all diese Erfahrungen wächst Du, und Du wirst weiser davon. Dies nimmst Du dann alles wieder mit nach Hause.

Alles ist letztendlich eine Lektion. Eine Lektion in dem Er-Innern, wer Du wirklich bist, nämlich Licht und Liebe. Und je mehr Du dies begreifst, umso besser wirst Du diese Liebe ausstrahlen können. Das ist Sinn und Zweck des Lebens auf Erden. Er-Innern, wer Du wirklich bist. Aber um zu begreifen, daß Du Licht und Liebe bist, ist es manchmal gerade auch notwendig, das Gegenteil zu erfahren. Das Licht einer brennenden Kerze kommt auch nicht zu seinem Recht an einem Ort, wo alles hell ist. Mit anderen Worten, an einem Ort, wo alles schon hell ist, kann eine Seele nicht erfahren, was es bedeutet, Licht zu sein. Die Erde ist ein sehr geschickter Ort, um genau zu erfahren, wer Du wirklich bist. Aufgrund der Dualität auf der Erde kannst Du Gegensätze erfahren und Dich immer mehr und bewußter dafür entscheiden, Licht und Liebe zu sein. Gerade durch die Existenz dieser Dualität kannst Du erfahren, was es bedeutet, ein Licht im Dunkeln zu sein.

Als Seele bist Du also nur Liebe und Licht. Wenn Du in einen menschlichen Körper geboren wirst und mit Deinem Leben auf Erden beginnst, wird dies nach und nach überdeckt durch allerlei Negatives wie Traurigkeit, Schmerz, Wut, Angst und allerhand anderer irdischer Erfahrungen und Emotionen. Häufig willst Du dies verbergen, weil Du tief von innen fühlst, daß dies nicht

Deinem wahren Wesen entspricht. Dies machst Du durch das Aufsetzen von allerlei Masken. Du spielst dann gewissermaßen, daß Du Licht und Liebe bist, aber Du fühlst es nicht wirklich, weil Du durch die dicke Schicht von Emotionen nicht daran kommst. Die Herausforderung besteht dann darin, daß Du Dich selbst von der dicken Staubschicht befreist, so daß Du wieder ganz und gar glänzen und strahlen und sehen lassen kannst, wer Du wirklich bist. Die wahre Schönheit Deiner Seele wird dann wieder zum Vorschein kommen. Du siehst Dich selbst dann ganz als die wunderbare Seele, die Du in Wirklichkeit bist. Und dann wirst Du Dir bewußt, daß Du auf der Erde bist, weil Du etwas mitträgst, das wertvoll ist für jeden Menschen. Daß Du gut bist, so wie Du bist. Im Kern besteht jeder aus Liebe und Licht und das Ziel auf Erden ist, Dich wieder daran zu Er-Innern und dies auszustrahlen und fließen zu lassen.

Auf Seelenniveau sind wir alle Eins. Aber auf der Erde, in Deinem menschlichen Körper, hast Du Dich als Seele dafür entschieden, bestimmte Seelenaspekte hervorzuheben und zu entwickeln. Deshalb begreifen wir einander manchmal nicht. Weil Du die Seelenaspekte, die ein anderer hervorheben will, auf menschlichem Niveau nicht begreifst, obwohl Du diese auf Seelenniveau selbst auch hast, nur daß diese in diesem Leben weniger zur Geltung kommen.

Die Herausforderung besteht darin, Deinen eigenen Himmel auf Erden zu kreieren und das Leben und das, was es alles zu bieten hat, zu genießen. Lache öfter mal und fühle die Freude aus Deiner Seele heraussprudeln. Du wirst sehen, daß Deine Energie dann mehr und mehr fließen wird und Du immer dichter an das Gefühl und die Liebe herankommst, nach denen Du Dich so sehnst. Dann wirst Du Dir selbst bewußt, daß Du nicht erst nach Hause gehen brauchst, um Licht und Liebe fühlen zu können, sondern daß Du das jeden Moment, wenn Du Dich dafür entscheidest, erfahren und auch auf jeden ausstrahlen kannst. So kannst Du Herzen erreichen und Menschen inspirieren, dasselbe zu tun. Dann wirst Du entdecken, daß eine große Welle von Licht und Liebe entsteht, die nicht mehr zu stoppen ist und die alles und jeden überspült.

Sei Dir dessen bewußt, daß Dein Körper nur eine Hülle ist. Es ist gewissermaßen Dein wunderbares Fortbewegungsmittel hier auf Erden, womit Du alle Erfahrungen sammeln kannst, für die Du Dich als Seele entschieden hast. Du bist also nicht Dein Körper, sondern Du hast einen Körper. Jede Seele ist einmalig und hat ihre eigenen Bedürfnisse. Diese Bedürfnisse werden für Dich deutlich, wenn Du mit Deiner Seele in Verbindung trittst. Deine Seele wird Dir dann genau zeigen, was gut und was nicht gut für Dich ist. Es geht darum, daß Du gut auf Deine innere Stimme hörst. Deine Seele gibt genau an, was Dich auf Seelenniveau wohl oder nicht nährt. Alles, was Dich glücklich macht, ist Nahrung für Deine Seele und alles, was sich anfühlt wie ein Müssen und was freudlos ist, ist das sicher nicht. Wenn Du etwas machst, bei dem Du Liebe, Freude und Ruhe empfindest, ist es gut für Deine Seele. Es sind in diesem Moment viele Seelen auf der Erde, die hierin weit fortgeschritten sind. Die also bewußt leben. Aber es gibt auch noch viele Seelen, bei denen der Schleier der Vergessenheit noch sehr dick ist. Glücklicherweise wird diese Gruppe immer kleiner, auch wenn Du das so auf den ersten Blick noch nicht sagen würdest. Letztendlich ist es das Ziel, daß jede

Seele am Schleier der Vergessenheit vorbeischaut und ganz und gar in Liebe und Licht aufgeht. Dann ist das Ziel erreicht, nämlich Zuhause auf Erden zu kreieren.

Als ich diesen letzten Satz gelesen hatte, schlug das Buch von selbst langsam zu. Ich ließ das Buch auf meinem Schoß liegen und dachte über das nach, was ich gerade gelesen hatte. Was waren das alles für weise Lektionen und was für ein herrlicher Gedanke, daß jeder Mensch aus Licht und Liebe besteht und daß, wenn wir uns mehr und mehr daran Er-Innern, wir dies wirklich auch erfahren und ausstrahlen können und auf diese Weise eine schöne, freudvolle Welt voller Liebe und Licht kreieren, worin wir uns alle wirklich Zuhause fühlen werden. Ich stand auf und stellte das Buch zurück an seinen Platz. Langsam begann ich wieder, durch den wunderschönen Gang zu gehen auf der Suche nach dem nächsten Buch. Ich war sehr neugierig, was ich darin wieder für weise Worte finden würde.

Du bist immer dort, wo Du zu sein gehörst.

## 3
## Seelenfamilie und Sphären

Ich schaute mir die Augen aus nach all den wunderschönen Büchern, die in den Schränken standen, aber fühlte, daß ich noch eben weitergehen mußte. Auf einmal sah ich aus meinem Augenwinkel heraus, wie eines der Bücher von einem der Regale herabfiel und geräuschlos plumpste es mir vor die Füße. Dies war also scheinbar das Buch, in das ich jetzt hineinsehen durfte. Ich nahm es verwundert auf und lief damit zu einem bequemen Sessel, der in der Ecke dieses Ganges stand. Und wieder schlug sich das Buch von selbst irgendwo in der Mitte auf und ich begann, neugierig zu lesen.

Manchmal kann sich eine Seele auf der Erde etwas einsam fühlen. Dies kommt, weil Du Dich Zuhause immer mit Seelenverwandten in derselben Energieschwingung oder Sphäre befindest. Auf der Erde geht das alles durcheinander. Zuhause gibt es sieben Sphären. In den untersten drei Sphären verbleiben die Seelen, die noch in einen menschlichen Körper inkarnieren. In den obersten vier Sphären verbleiben die Seelen, die nicht mehr auf der Erde inkarnieren. Wenn Du als Seele nach Hause zurückkehrst, gelangst Du in die Sphäre, wo Du hinsichtlich Bewußtseinsniveau und Energieschwingung hingehörst und Dich auch zuhause fühlst. Jede Sphäre ist ein Umfeld mit gleich denkenden Seelen, also begreift jeder jeden und ist mit jedem verbunden. Eigentlich erfährst Du so etwas auch schon auf der Erde. Da fühlst Du Dich mit bestimmten Menschen verbunden. Das sind dann Menschen aus Deiner Sphäre. Du fühlst Dich wohl bei ihnen. Und wenn Du jemanden triffst, der nicht auf Deine Energie abgestimmt ist, dann fühlst Du das direkt. Diese Person hat dann einfach ein anderes Schwingungsniveau, mit dem Du Dich nicht wohlfühlst, aber das bedeutet nicht, daß derjenige weniger oder mehr darstellt als Du. Die eine Sphäre ist nicht besser oder schlechter als die andere. In den Sphären hältst Du Dich also nur mit Seelen auf, die sich auf demselben Schwingungsniveau befinden und dasselbe Bewußtsein besitzen. Wenn eine Seele so weit gewachsen ist, daß sie in der siebten Sphäre angekommen ist, dann geht eine Seele vollkommen in Liebe auf; sie wird eins mit Gott oder dem Universum oder wie Du es auch sonst nennen willst. Was dies genau bedeutet, ist leider nicht mit menschlichen Worten zu erklären.

Jede Seele hat also ein bestimmtes Bewußtseinsniveau und dazu gehört eine Energieschwingung und eine Sphäre, die sich daran anschließt. Du wirst verstehen, daß eine Seele mit einer „niedrigeren" Schwingung sich nicht wirklich wohlfühlt in einer Sphäre mit „höherer" Schwingung und andersherum. Du kannst dies vergleichen mit einem Kleinkind, das sich nicht behaglich fühlen wird in der achten Klasse einer Grundschule. Es hat dann keinen oder nur wenig Anschluß an die Kinder und auch den Stoff kann es nicht begreifen. Nun wirst Du sicher nicht vermuten, daß ein

Kleinkind, weil es ein niedrigeres Niveau hat, schlechter ist als ein Schüler der achten Klasse. Dies kommt Dir eigentlich gar nicht in den Sinn. Deshalb solltest Du so auch nicht über höhere und niedrigere Sphären denken. Die eine Sphäre ist nicht besser oder schlechter als die andere. Es hat einfach mit dem Bewußtseinsniveau einer Seele zu tun, wo sie hingelangt. Nicht mehr und nicht weniger.

Es gibt unterschiedliche Bewußtseinsniveaus und Menschen können nicht über ihr eigenes Niveau hinausgehen. Es macht also keinen Sinn, jemanden von etwas überzeugen zu wollen, der sich auf einem niedrigeren Niveau befindet als Du selbst. Die Schwingung paßt einfach nicht zusammen. Jede Seele hat ihr eigenes Bewußtseinsniveau und ihre eigene Zeit nötig, sich hierin zu entwickeln. Du kannst dies nicht erzwingen. Wenn eine Seele noch nicht so weit ist, geschieht nichts. Du kannst dies vergleichen mit einem vierjährigen Kind, dem Du mathemathische Formeln vorlegst. Seine Entwicklung ist nun einmal noch nicht so weit, daß es diese auflösen kann. Deshalb ist es nicht weniger wert, sondern es entspricht nun mal seinem Entwicklungsniveau. Und so kannst Du das auch bei Seelen sehen.

Desweiteren hat jede Seele eine eigene Seelenfamilie. Dies ist die Gruppe Seelen, zu der Du gehörst. Diese Gruppe bleibt immer beieinander. Es ist wohl möglich, daß ein Teil der Gruppe auf der Erde ist und ein anderer Teil Zuhause. Aber die Mitglieder einer Seelengruppe bleiben immer miteinander verbunden. Der Teil, der Zuhause ist, kann dann als geistiger Führer für die Seelen fungieren, die in dem Moment auf der Erde sind. Innerhalb dieser Gruppe spielst Du alle wichtigen Rollen durch, die Du während all Deiner Inkarnationen auf Erden spielen möchtest. Du wechselst stets die Rollen. Das eine Mal bist Du der Vater und das andere Mal bist Du eine Tochter oder ein Bruder oder welche Rolle auch immer. Das Wachstum der Seelen, die zu einer bestimmten Seelengruppe gehören, erfolgt fast immer zeitgleich, so daß sie zusammen weiter in die nächsthöhere Sphäre hineinwachsen können, aber dies ist nicht immer zwingend. Manchmal gibt es eine Seele, die etwas länger braucht. Es ist deswegen für eine Seelenfamilie nicht notwendig, sich in derselben Sphäre zu befinden, aber meistens ist das doch der Fall.

Vertraue darauf, daß die großen Veränderungen in Deinem Leben immer gut sind. Sie dienen einem Ziel und werden Dich dorthin bringen, wofür Du Dich als Seele entschieden hast, als Du auf die Erde gekommen bist. Manchmal verändern sich bestimmte Situationen nicht, weil Du dann unbewußt noch nicht so weit bist. Würden sie sich dann doch verändern, würdest Du erst recht durcheinander kommen. Alles geschieht immer für Dich zur richtigen Zeit, am richtigen Ort und auf die richtige Weise. Als Seele hast Du gerade die speziellen Situationen ausgesucht, um wachsen zu können. Wenn Du Dich nicht im Sinne Deines Seelenplanes beschäftigst, wirst Du das auf Dauer sicher merken. Du fühlst zuerst etwas Unzufriedenheit und Unruhe. Negierst Du das Gefühl, dann wirst Du zuerst sanfte Schubser vom Universum bekommen. Hörst Du auch hierauf nicht, so werden die Stöße immer etwas härter werden, bis da ein letzter harter Schlag kommt, der Dich wirklich wachrüttelt. Dies kann beispielsweise eine Krankheit sein, ein Unglück oder der Verlust Deiner Arbeit.

Wenn Du eine Entscheidung treffen mußt, dann bitte Dein Höheres Selbst, Dir hierbei zu helfen. Dies ist der Teil von Dir, der Zuhause geblieben ist. Wenn Du als Seele auf die Erde gehst, bekommst Du es nämlich mit dem Folgenden zu tun. Deine Seelenenergie ist so groß, daß sie niemals vollständig in einen menschlichen Körper hineinpaßt. Ein Teil davon bleibt deshalb Zuhause. Aber Du kannst jederzeit wohl damit in Verbindung treten und um Rat bitten. Dieser Teil wird das Höhere Selbst genannt. Du kannst es vergleichen mit Deiner Intuition oder Deiner inneren Stimme. Häufig spielen mehrere Faktoren dabei eine Rolle, die wir nicht alle überblicken können. Dein Höheres Selbst aber wohl. Vertraue hierbei auf Dein Gefühl.

Und ist das Ergebnis dann nicht ganz so, wie Du es erwartet hast, vertraue dann auch darauf, daß Du eigentlich nie wissen kannst, was für Dich das Beste ist. Bitte dann auch immer um das Höchste und das Beste und laß es dann los. Vertraue darauf, daß das, was dann geschieht, auch tatsächlich das Beste für Dich ist. Angenommen, Du möchtest unbedingt einen bestimmten Job. Du setzt alles daran, diese Arbeit zu bekommen, aber es klappt leider nicht. Du bist hierüber sehr sauer und meckerst: „Ist dies nun das Höchste und das Beste für mich? Na, danke!" Aber einige Wochen später bekommst Du plötzlich ein Angebot für einen Job, der noch viel schöner und interessanter ist. Du kannst diesen direkt annehmen und anfangen. Dies wäre ein Stück schwieriger geworden, hättest Du gerade den Vertrag für den anderen Job unterschrieben, den Du so gerne haben wolltest. Versuche deshalb zu verstehen, daß dasjenige, was Du willst, nun einmal nicht immer das Höchste und das Beste für Dich ist.

Manchmal hält Dein Höheres Selbst Informationen zurück, wenn für Dich noch nicht der richtige Zeitpunkt da ist, diese Informationen zu empfangen. Du bist dann noch nicht so weit. Das ist der Grund, warum wir auf manche unserer Fragen keine Antwort erhalten. Wenn Du Dein Höheres Selbst um irgendetwas bittest, sei dann wohl offen, die Antwort darauf in jeder möglichen Form zu bekommen. Häufig denken die Menschen, daß sie sie auf eine bestimmte Weise empfangen werden und verpassen die Antwort, weil sie sich zu sehr darauf versteifen. Laß Dich überraschen.

Die meisten Menschen denken, daß sie buchstäblich etwas hören müßten, wenn sie mit ihrem Höheren Selbst kommunizieren, aber meistens ist es nur mit Deinen inneren Ohren hörbar und das ist manchmal verwirrend. Du mußt damit rechnen, daß die Antwort auf eine andere Weise auf Dich zukommen kann. Dies kann durch ein Lied sein, das Du auf einmal im Radio hörst, oder ein Text, den Du liest, oder etwas, das jemand zu Dir sagt. Halte darum immer gut Deine Augen und Ohren offen, wenn Du eine Frage gestellt hast. Beim Kontakt mit Deinem Höheren Selbst ist das Vertrauen sehr wichtig. Je mehr Du dies übst, desto besser wird es Dir gelingen, und dann wirst Du bemerken, daß dieser Kontakt eine enorme Bereicherung Deines täglichen Lebens darstellen kann.

Und langsam schloß sich das Buch. Ich erkannte ganz viel wieder in dem, was ich soeben gelesen hatte. Vor allem das Stück darüber, daß, wenn Du Dich nicht wirklich mit Deinem Seeelenplan auseinandersetzt, Du zuerst sanfte Schubser vom Universum bekommst, und wenn Du dem kein Gehör schenkst, daß da dann

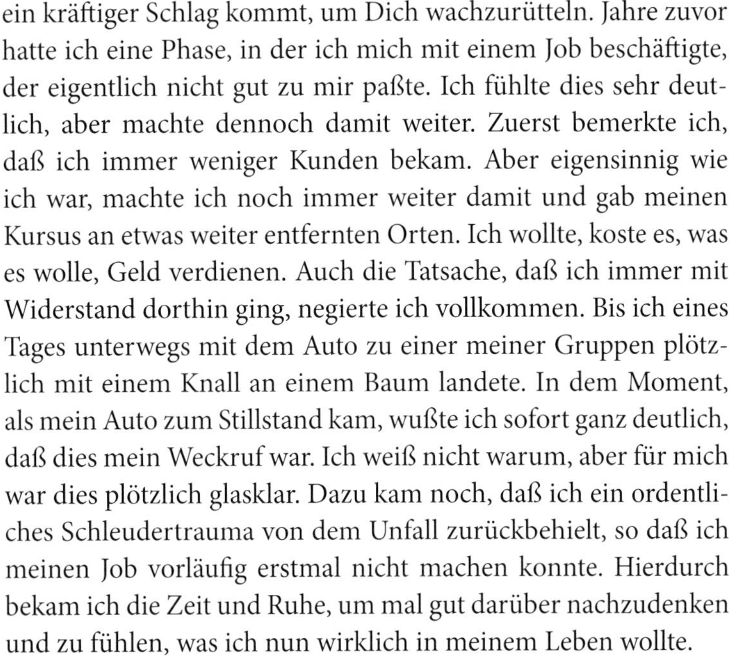

ein kräftiger Schlag kommt, um Dich wachzurütteln. Jahre zuvor hatte ich eine Phase, in der ich mich mit einem Job beschäftigte, der eigentlich nicht gut zu mir paßte. Ich fühlte dies sehr deutlich, aber machte dennoch damit weiter. Zuerst bemerkte ich, daß ich immer weniger Kunden bekam. Aber eigensinnig wie ich war, machte ich noch immer weiter damit und gab meinen Kursus an etwas weiter entfernten Orten. Ich wollte, koste es, was es wolle, Geld verdienen. Auch die Tatsache, daß ich immer mit Widerstand dorthin ging, negierte ich vollkommen. Bis ich eines Tages unterwegs mit dem Auto zu einer meiner Gruppen plötzlich mit einem Knall an einem Baum landete. In dem Moment, als mein Auto zum Stillstand kam, wußte ich sofort ganz deutlich, daß dies mein Weckruf war. Ich weiß nicht warum, aber für mich war dies plötzlich glasklar. Dazu kam noch, daß ich ein ordentliches Schleudertrauma von dem Unfall zurückbehielt, so daß ich meinen Job vorläufig erstmal nicht machen konnte. Hierdurch bekam ich die Zeit und Ruhe, um mal gut darüber nachzudenken und zu fühlen, was ich nun wirklich in meinem Leben wollte.

Ich begann, mich eingehender mit Spiritualität zu beschäftigen und wußte sofort, daß dies mein Weg und meine Passion war. Es fühlte sich alles so vertraut an. Dies war mein erster Schritt auf dem Weg, dem ich jetzt noch immer voller Freude und Dankbarkeit folge. Aber weil ich nicht auf die ersten kleineren Schubser gehört hatte, war ein enormer Schlag dafür nötig gewesen, mich auf diesen Weg zu bekommen. Ich habe sehr viel hieraus gelernt.

Ich stand auf und legte das Buch zurück an die Stelle, wo es aus dem Schrank gefallen war. Ich bemerkte, daß mich das alles, was ich bisher gelesen hatte, sehr glücklich machte und ich konnte nicht warten, bis ich das nächste Buch entdecken würde.

Sieh Dich selbst als die wunderschöne Seele,
die Du in Wirklichkeit bist.

## 4
## Erinnerungen an Zuhause

Ich wanderte weiter entlang der riesigen Reihen mit Büchern. Manchmal holte ich eines aus dem Schrank heraus, aber fühlte sogleich, daß es nicht das Buch war, das ich suchte. Ich beschloß, einen Blick in einen der anderen Gänge zu werfen. Auch dort standen gemütliche Sofas und Sessel. Ich setzte mich auf eines der Sofas und dachte darüber nach, wie ich das für mich passende Buch finden könnte. Auf einmal kam eine andere Seele auf mich zugelaufen und setzte sich neben mich. Sie sagte kein Wort, aber lächelte mich liebevoll an. Dann nahm sie aus ihrer Innentasche ein wunderschönes, dünnes, violettes Büchlein heraus mit goldenen Buchstaben darauf. Auf dem Umschlag stand: Erinnerungen an Zuhause. Sie drehte sich zu mir um und gab es mir, ohne ein Wort zu sagen. Ich nahm es dankbar von ihr entgegen, denn ich fühlte sehr gut, daß dies für mich ein ganz besonderes und wichtiges Buch war. Und bevor ich mich versah, bekam ich eine warme Umarmung von ihr, dann stand sie auf und lief langsam wieder aus dem Gang hinaus. Ich sah ihr verdutzt hinterher. Da saß ich nun mit dem schönen, violetten Büchlein in meinen Händen. Diesmal öffnete sich das Buch nicht von selbst, also begann ich

einfach mit dem Lesen der ersten Seite.

Manchmal kannst Du Dich als Mensch sehr einsam fühlen und eine Art von Heimweh nach etwas haben, das Du nicht gut in Worte fassen kannst. Du fühlst Dich dann auf der Erde ganz und gar nicht zuhause. Dies ist eigentlich ganz logisch. Obwohl Du als Seele vereinbart hast, daß Du auf Erden den Schleier der Vergessenheit vor Deine Augen legst und daß Du alles von Zuhause vergißt, hat selbst dann jeder noch bestimmte Erinnerungen hieran. Beim einen sind diese minimal und beim anderen umfangreicher. Aber je mehr Du an Deiner Bewußtseinserweiterung arbeitest und je mehr Du versuchst, Dich zu erinnern, wer Du wirklich bist, desto öfter wirst Du diese Art von Gefühlen haben. Es ist ein Heimweh nach Hause, nach dorthin, woher Du kommst. Genauso wie Du Heimweh haben kannst, wenn Du im Urlaub bist. Das ist also, was da manchmal mit Dir los ist, und das ist ganz und gar nicht verwunderlich. Es ist eher positiv, denn es bedeutet, daß Du Dich auf dem richtigen Weg befindest und Du als Seele am Wachsen bist. Aber manchmal ist dies ganz und gar nicht so einfach. Du kannst nämlich Probleme bekommen von sogenannten „Wachstumsschmerzen". Du gehst dann durch einen Prozeß hindurch, der für Dich sehr wesentlich ist. Du fühlst zu Beginn dagegen einen großen Widerstand, aber in dem Moment, wenn Du diesen Widerstand losläßt, schießt Du wie ein Pfeil voraus. Du kannst es vergleichen mit einer Armbrust. Erst spannst Du sie, indem Du die Schnur nach hinten ziehst, und dann läßt Du los und der Pfeil schießt mit enormer Fahrt voraus. Sei während dieser Momente einfach dankbar für den Wachstumsprozeß und laß den Widerstand los.

Es ist nicht immer angenehm, Dich als Seele immer mehr daran zu erinnern, wer Du wirklich bist. Auf der einen Seite ist es sehr schön, aber es macht es andererseits auch schwieriger, auf der Erde zu sein und sich in einem menschlichen Körper zu befinden mit allen Reibungen, die dazugehören. Versuche deshalb, soviel wie möglich Zuhause auf Erden zu kreieren, so daß Du kein Heimweh haben mußt. Dies kannst Du tun, indem Du soviel wie möglich Licht und Liebe verbreitest und lernst zu lieben. Nicht nur andere zu lieben, sondern auch Dich selbst zu lieben. Du stehst hiermit jedoch niemals alleine da. Wenn Du Dich hierfür öffnest, wirst Du merken, daß Du von Zuhause alle Hilfe bekommst, die Du nötig hast.

Viele von Euch kommen immer mehr in ihre Kraft, um ihre liebevolle Arbeit in der Welt zu tun. Und eigentlich ist dies ganz einfach: Du mußt nämlich gar nichts tun. Du brauchst nur zu SEIN und auszustrahlen, wer Du wirklich bist. Schon alleine damit kannst Du es hier auf Erden ein Stück weit heller machen. Die menschlichen Körper können jetzt in der heutigen Zeit soviel mehr von der Energie von Zuhause festhalten, daß es dadurch möglich geworden ist, als Seele noch tiefer darin einzutreten. Ein großer Teil Deiner selbst, der früher Zuhause zurückgeblieben war, weil er zu der Zeit nicht in Deinen Körper hineinpaßte, Dein Höheres Selbst, hat jetzt die Möglichkeit, nachträglich zu inkarnieren. Dies bringt so viele neue Möglichkeiten mit sich! Du bekommst hierdurch nämlich noch mehr Kontakt zu Dir selbst als Seele und der Freude, der Liebe und der Kreativität, die ein Teil davon sind. Damit findet sozusagen eine neue Inkarnation eines größeren Teils Deiner Seele hier auf Erden statt.

Aber dies hat auch andere Folgen. Du wirst vielleicht schon bemerkt haben, daß vieles, was Dich früher beschäftigt hat, in den Hintergrund rückt. Dies gilt für alles in Deinem Leben. Deine Beziehungen, Freundschaften, Deine Arbeit, Deine Hobbies. Dein ganzes Wesen unterliegt einer großen Transformation, wenn Du immer mehr von Dir selbst als Seele erfährst. Habe hiervor keine Angst, es gehört dazu. Du bist damit beschäftigt, das Alte loszulassen, um Raum zu schaffen für das Neue. Aber eigentlich ist dies ganz und gar nicht neu. Es ist einfach Dein wahres Wesen, das sich immer mehr manifestiert. Du wirst Dich immer mehr Er-Innern, wer Du wirklich bist und woher Du kommst. Nämlich eine wunderschöne Seele, die hier auf Erden Erfahrungen sammelt, um zu wachsen.

Wenn Du dem Weg Deiner Seele folgen willst, wirst Du auf Dein eigenes Herz hören müssen. Es gibt einfach keine andere Art und Weise. Vertraue auf das, was Dein Herz Dir zuflüstert, das ist nämlich das Geflüster Deiner eigenen Seele. Dort wirst Du Deine eigene Wahrheit, Dein eigenes Licht und Deine eigene Liebe finden. Wenn Du beginnst, Deinem eigenen Herzen zu vertrauen, wirst Du Dir bewußt werden, daß das, was Dir Freude und Erfüllung bringt, der Wille Deiner Seele ist, der über Dein Herz spricht. Vertraue auf Deine eigene innere Kraft und Weisheit.
Du wirst Dir auch immer mehr dessen bewußt werden, daß Du hier eine Aufgabe hast. Die schöne Aufgabe, immer mehr Licht und Liebe von Zuhause in Dich selbst aufzunehmen und wieder auszustrahlen, so daß Du anderen Seelen helfen kannst, sich zu Er-Innern, wer sie wirklich sind. Und dann wirst Du wirklich Zuhause ankommen bei Dir selbst. Versuche, Dich dem hingeben, und vertraue darauf, daß sie von Zuhause aus mit all

ihrer Liebe helfen werden. Sie stehen neben Dir und halten Deine Hand fest. Du bist nicht allein, niemals!

Dies war, was in dem wunderschönen, violetten Büchlein stand. Die Geschichte kam wie ein Hammerschlag in meinem Inneren an und ich merkte, daß mir die Tränen über die Wangen liefen. Es schien, als ob dieses Buch speziell für mich geschrieben worden war. Dies war genau das, was ich fast mein ganzes Leben lang schon fühlte. Das Heimweh und das Verlangen nach Hause und auch der Verlust gewisser Interessen und Freundschaften in meinem Leben. Ich habe mich immer anders gefühlt als die meisten Menschen. Oft war ich ein Außenstehender und ich hatte das Gefühl, daß ich auf der Erde nicht wirklich auf meinem Platz war. Tief von innen heraus wußte ich sehr gut, wo ich eigentlich herkam. Einem sehr schönen und feinen Ort, den ich Zuhause nannte. Dort war alles gut und ich verlangte oft danach, dorthin wieder zurückzukehren. Aber ich wußte auch, daß ich auf der Erde noch lange nicht fertig war mit meiner Aufgabe, also kämpfte ich mich ein bißchen so durchs Leben hindurch. Oft wunderte ich mich darüber, daß andere sich so über gewisse Dinge aufregen konnten. Es machte wohl den Eindruck, als ob niemand wirklich begriff, wer er wirklich war.

Ich wußte, daß ich eine Seele in einem Körper war und daß ich hier auf der Erde war, um Erfahrungen zu sammeln, um als Seele wachsen zu können. Mein Körper war hierbei mein Fortbewegungsmittel. Wie ich an dieses „Wissen" kam, wußte ich eigentlich nicht wirklich, aber ich fühlte, daß es so war.

Als Kind war ich mir auch schon einer Welt bewußt, die andere nicht sehen konnten und worin ich mich sehr wohlfühlte. Hier auf der Erde fühlte ich mich nicht wirklich zuhause. Ich hatte auch oft eine sonderbare Art von Heimweh nach etwas, das ich nicht gut erklären konnte. Aber jetzt, durch das Lesen dieses besonderen Büchleins, begriff ich, was mit mir los war und daß das alles einen Grund und ein Ziel hatte. Ich fühlte so viel Freude und Erleichterung durch mich hindurchfließen und hatte zum ersten Mal das Gefühl, daß ich jetzt wirklich ein Stück dichter bei mir selbst zuhause gelandet war. Ich blieb noch eine Weile sitzen, um all diese schönen Einsichten zu genießen, die ich soeben bekommen hatte. Ich fühlte auch, daß ich dieses Buch mitnehmen durfte. Es war ein Geschenk des Universums. Nach einer Weile stand ich wieder auf und beschloß, einen Blick in einen der anderen Gänge zu werfen. Ich empfand diese besondere Bibliothek wirklich als einen wunderbaren und inspirierenden Ort, um einfach nur zu sein und fühlte mich wie ein Kind in einem Süßwarenladen.

Das Glück liegt nie in den Dingen selbst,
sondern darin, wie Du sie siehst und erfährst.

## 5
## Mit den Augen der Liebe schauen

Als ich in einen der anderen Gänge hineinspazierte, sah ich zu meinem Erstaunen, daß hier alle Bücherschränke leer waren. Das war eigenartig, denn in dieser außerordentlichen Bibliothek war überall alles vollgestopft mit Büchern. In diesem leeren Gang mußte ich also scheinbar nicht sein. Ich wollte mich gerade umdrehen, um zu einem anderen Gang zu gehen, als meine Aufmerksamkeit auf einen der leeren Schränke gezogen wurde. Ich ging dorthin und sah, daß doch ein Buch darin stand. Alle Bücherregale waren sonst leer. Dies war wirklich das einzige Buch, das in diesem ganzen Gang zu finden war. Ich folgerte daraus, daß das dann wohl sicher das Buch sein müßte, welches ich jetzt lesen dürfte, also nahm ich es vom Regal und ging damit zu einer der Bänke, setzte mich und begann darin zu lesen.

Für alles, was mit Dir geschieht, hast Du Dich auf Seelenniveau selbst entschieden. Nichts geschieht umsonst. Auch wenn Du dies mit Deinem menschlichen Verstand oft nicht begreifen kannst. Das bedeutet also, daß Du niemals jemanden oder eine Situation verurteilen oder beurteilen kannst, denn Du kannst nie wissen, was diese Person auf Seelenniveau beschlossen hat. Obwohl jemand in Deinen Augen ärgerliche und merkwürdige Dinge tut, kann dies selbst dann ein Bestandteil seines Lebensplans sein. Es geht nicht darum, was da geschieht, sondern wie Du damit umgehst und mit welchen Augen Du danach schaust. Mit den Augen der Liebe und des Mitgefühls oder mit den Augen der Angst und der Abneigung. Das bedeutet, daß Du so auch nach einem Mörder, Dieb oder einer Situation, die Du nicht so erfreulich findest, schauen kannst. Jedes Ereignis, also auch das tragischste und traurigste, hat ein höheres Ziel. Aber dies ist auf menschlichem Niveau schwer zu begreifen. Es ist gut zu wissen, daß eine Seele auf Erden alles einmal erfahren will. Mann und Frau, reich und arm, Täter und Opfer, jung sterben und alt sterben. Wenn Du Dir dies bewußt machst, dann ist das Vorhergehende etwas einfacher zu akzeptieren.

Aber wie Du etwas erfährst, liegt immer an Dir selbst. Du kannst vielleicht das Ereignis nicht verändern, aber wohl die Art und Weise, wie Du danach schaust. Was auch gut funktioniert, ist, bei allem, was auf Deinen Weg kommt, immer um das Allerhöchste und das Allerbeste zu bitten. Vertraue dann auch darauf, daß das, was dann geschieht, immer das Höchste und Beste für Dich ist. Oft siehst Du das in dem Moment nicht so. Du denkst, daß Du selbst am besten weißt, was gut für Dich ist. Aber das ist nicht immer der Fall. Die Kunst ist, darauf zu vertrauen, daß alles, was geschieht, immer ein höheres Ziel hat und daß Du ständig umgeben bist von der Liebe und der Hilfe von Zuhause.

Je nach dem, was Du glaubst, so erfährst Du das Leben und die Welt um Dich herum, sowohl das Negative als auch das Positive.

Es ist das Resultat dessen, von dem Du denkst, daß es wahr ist. Deshalb ist es die Kunst zu versuchen, soviel wie möglich aus Liebe heraus zu tun und zu erfahren. Du kannst Dich bewußt dafür entscheiden, von innen heraus friedlich zu sein, egal was da auch außen um Dich herum geschieht. Alles, was Du siehst, ist eine Projektion Deiner eigenen Innenwelt. Nichts, was Du siehst, hat eine Bedeutung und, wenn es das für Dich doch hat, dann ist dies nichts anderes als die Bedeutung, die Du darauf projizierst. Wenn Du mit einem Problem konfrontiert wirst, kannst Du Dich selbst fragen: Gibt es eine andere Art und Weise, danach zu schauen? Gibt es eine andere Möglichkeit, hiermit umzugehen? Was würde die Liebe jetzt tun oder sagen? Wenn Du dem Gefühl von Ruhe, Frieden und Liebe folgst, dann hörst Du auf die Stimme Deiner Seele. Der Fluß Deiner Seele ist immer einer von Entspannung, Leichtigkeit, Glückseligkeit und Freude.

Sei Dir dessen bewußt, daß der Mangel an Liebe verschwindet, wenn Du beginnst, Liebe zu verschenken. Wenn Du eine liebevolle Energieschwingung hast, ziehst Du auch liebevolle Schwingungen an. Dies geschieht, weil gleiche Schwingungen einander anziehen. Also, was Du ausstrahlst, ziehst Du an. Häufig denkst Du, daß die Ursache Deiner Angst, Traurigkeit und Wut außerhalb Deiner selbst liegt, aber in Wirklichkeit liegt sie gerade in Dir. Die äußeren Umstände treffen nur einen wunden Punkt und wecken damit die Emotion, die darunterliegt. Diese Umstände sind nur ein Trigger, um das, was schon da ist, zu aktivieren. Aber es geht nicht so sehr um die Situation selbst, sondern darum, wie Du damit umgehst. Die Situation selbst ist immer ganz und gar neutral. Du gibst ihr eine Bedeutung und wählst hierbei auch selbst Deine Emotionen aus. Bedenke, daß alles, worauf Du Dich konzentrierst, größer wird und daß es nur einen gibt, der verantwortlich ist für Dein Glück und das bist Du selbst. Indem Du Deine Gedanken veränderst, veränderst Du auch Deine Erfahrungen. Entscheidest Du Dich für Angst oder Liebe?

Es ist jedoch wichtig zu realisieren, daß negative und positive Emotionen zueinander gehören. Das eine kann ohne das andere nicht sein. Du beschränkst Dich selbst, wenn Du die negativen und bösen Emotionen in Dir selbst negierst. Das ist nicht Sinn der Sache. Dadurch kannst Du dann nämlich auch nicht an Deine positiven Emotionen herankommen wie Freude, Glück, Spontanität und Liebe-fließen-lassen. Also ist es notwendig, negative Emotionen erst einmal gut zu fühlen und sie danach loszulassen. Bleibe nicht daran hängen.

Liebe ist nichts Materielles. Sie besteht nur aus Energie. Sie ist das Gefühl, das Du bekommst bei einer bestimmten Person oder in einer bestimmten Situation oder einem bestimmten Raum. Tatsächlich hat Liebe nichts mit der physischen Welt zu tun, aber sie kann doch darin ausgedrückt werden. Liebe befindet sich immer in Dir selbst und kann somit auch niemals vernichtet werden. Wohl kann Liebe verborgen bleiben vor uns selbst und anderen.

Es ist wichtig, daß Du als erstes lernst, Dich selbst zu lieben und weniger kritisch mit Dir selbst zu sein. Dich selbst nicht ablehnen und Dich selbst akzeptieren, wie Du bist. Versuche nach Dir selbst zu schauen mit den Augen der Liebe, ohne zu urteilen. Menschen haben oft Angst, die Liebe zuzulassen und großartig zu strahlen. Sie machen sich selbst oft kleiner, als sie sind. Das ist sehr schade.

Oft finden wir es schwierig, Dinge zu sagen oder zu tun, weil wir Angst haben, abgewiesen zu werden. Aber wenn Du Dich wirklich selbst liebst, traust Du Dich auch, Dich vollständig zu zeigen. Du kannst dann Dein Herz öffnen und brauchst Dich selbst nicht mehr verstecken. Du bist nicht schlechter als jemand anderes. Trau Dich einfach, Du selbst zu sein und die Dinge zu sagen, die Dir auf dem Herzen liegen. Wenn Du vollkommen in Deiner Kraft stehst, macht die Reaktion eines anderen nichts mehr aus, denn Du bleibst doch in Deiner Kraft. Höre immer auf Dein Herz, denn bei jeder Entscheidung, die Du triffst, weiß Dein Herz, was richtig für Dich ist. Wenn Du es schwierig findest, in Deiner eigenen Kraft zu bleiben, kannst Du eine große Energiekugel um Dich herum visualisieren, wo niemand hineinkommen kann. Du kannst wohl Energie aus dieser Kugel ausstrahlen, aber niemand kann hinein. Dann wird es nicht so schnell passieren, daß Deine Energie versickert und daß Du mitschwingst in der „niedrigeren" Energie, die sich um Dich herum befindet.

Sei deutlich in dem, was Du wohl willst und was Du nicht willst. Du darfst auch Deine eigene Meinung und Gefühle auf eine liebevolle Weise nach außen bringen. Und wenn jemand damit nichts anfangen kann, dann ist das nicht Dein Problem. Versuche so oft wie möglich liebevolle Gedanken und Gefühle zu haben und laß die Angst mal los. Habe Vertrauen und konzentriere Dich auf Dich selbst und nicht darauf, was andere tun. Du machst Dein Ding und der andere macht seins. Sei glücklich mit dem Erfolg eines anderen. Es geht genau darum, so viel Licht und Liebe wie möglich auf der Erde zu verbreiten und das macht Ihr, indem Ihr einander stimuliert und unterstützt und nicht durch Neid und indem Ihr Euch gegenseitig nach unten zieht.

Du kannst es damit vergleichen, daß Du auf einer Leiter stehst und nach oben steigst. Unter Dir ist noch jemand am Klettern und anstatt daß Du denjenigen trittst, so daß er unter Dir bleibt, oder daß Du schneller kletterst, um selbst eher oben anzukommen, gibst Du dem anderen eine Hand und hilfst ihm hoch. Und vielleicht läßt Du ihn sogar auf Deine Schultern klettern und gibst ihm einen Schubs auf die nächste Stufe. Und dann wirst Du merken, daß der andere auch wieder seine Hand ausstrecken wird, um Dir zu helfen. Und so helft Ihr einander und das ist genau der Sinn. Zusammenarbeiten und glücklich sein für den anderen und einander helfen zu wachsen. Dies klappt am besten, wenn Du soviel wie möglich in Liebe sein kannst. Dich immer wieder Er-Innern, daß Du eine liebevolle Seele in einem Körper bist und der andere auch. Daß Ihr hier zusammen seid, um etwas Schönes daraus zu machen und nicht, um gegeneinander zu arbeiten. Habe Vertrauen, daß es genug für jeden gibt! Das Glück eines anderen kann nur zu Deinem eigenen Lebensglück beitragen. Es gibt keinen beschränkten Vorrat an Liebe, Glück und Segnungen im Universum. Also werden Deine Chancen wirklich nicht kleiner, wenn jemand anderem etwas Schönes widerfährt. Glück ist eigentlich nicht abhängig von Deinen Umständen. Einige Menschen haben allen Grund glücklich zu sein, aber sind es doch nicht. Und da sind Menschen, die allen Grund haben, unglücklich zu sein und die vollkommen glücklich und zufrieden sind. Das einzige, was Du zu tun hast, ist einfach zu beschließen, glücklich zu sein. Es ist wirklich so einfach.

Wenn Du Dich in einer bestimmten Emotion befindest, dann gehört dazu auch eine Energieschwingung. Wenn Du Dich ganz auf diese Emotion fokussierst, dann wirst Du wie von selbst die

Dinge und Umstände anziehen, die dieselbe Schwingung haben. Darum ist es so wichtig, daß Du Deine Aufmerksamkeit so oft wie möglich auf positive Emotionen richtest. Selbstverständlich müssen wohl, wie eben schon angesprochen, zuerst die negativen Emotionen wie Traurigkeit, Angst, Wut und Neid gefühlt werden. Das ist sogar sehr wichtig, solange Du nicht darin hängenbleibst. Sobald Du die negativen Emotionen ganz gefühlt hast, kannst Du sie loslassen und versuchen, Dich auf positive Emotionen zu konzentrieren. Und je mehr Du dies übst, desto schneller kannst Du aus einer negativen Emotion herauskommen und Deine Energieschwingung wieder erhöhen.

Du hast selbst jederzeit die Kontrolle über Deine Gedanken. Selbst wenn Du nicht mehr ein noch aus weißt. Denk mal an eine schöne Erinnerung und es wird wie von selbst ein Lächeln auf Deinem Gesicht erscheinen. Fühle vor allem auch, was Du damals fühltest. Laß Dich von dieser Erinnerung ganz einnehmen. Deine Energieschwingung wird dann von selbst steigen. Die Situation, in der Du Dich befindest, wird hierdurch zwar nicht gleich verändert sein, aber wohl Deine Gedanken und Gefühle. Auch wenn es nur ein kleines bißchen ist. Tue es Schritt für Schritt und sei Dir bewußt, daß Du immer die Kontrolle über Deine Gedanken und Gefühle hast. Niemand anders! Also beschließe vor allem, Dich gut zu fühlen, und arbeite auch ganz bewußt daran. Sitze nicht tatenlos abwartend da, bis jemand oder etwas kommt, wodurch Du Dich besser fühlen wirst, sondern beginne selbst damit. Das geht jeden Moment. Du bist wirklich der einzige, der das kann. Vertraue darauf und gib Dir selbst die Chance. Wenn Du es wirklich willst, dann wird es sicher gelingen, denn dann wirst Du immer die Situationen anziehen, in denen Du Dich noch besser fühlen wirst. Und denk daran, daß das Licht und die Liebe von Zuhause immer da sind. Genauso wie die Sonne immer da ist. Obwohl Du sie nicht siehst, ist sie doch da. Obwohl dicke Wolken davor hängen, ist die Sonne als konstanter Faktor immer da. So ist es auch mit dem Licht und der Liebe von Zuhause. Obwohl Du sie nicht fühlst, sind sie immer da, und sobald die dunklen Wolken weggezogen sind, wirst Du dies wieder vollauf erfahren können. Aber Du bist es selbst, der diese Wolken platziert hat, und folglich kannst Du sie somit auch immer wieder selbst verschwinden lassen. Ist das nicht ein herrlicher Gedanke?

Sogenannte negative Emotionen und Erfahrungen wie Verwirrung, Zweifel, Wut und Schmerz sind auf Seelenniveau hervorragende Möglichkeiten für Wachstum. Es läßt Dich nämlich erfahren, was Du nicht willst, so daß Du Dich für das öffnen kannst, was Du wohl willst. Du hast alles in Dir und Du kannst immer starke Entscheidungen treffen, in jeder Situation und in jedem Moment. Die Frage ist immer: Triffst Du Deine Entscheidung aus Angst oder aus Liebe? Wenn Du Dich von der Angst befreien kannst, landest Du von selbst in der Liebe. Wenn Du zur Ruhe kommst und all Deine Sorgen und Ängste loslassen kannst, wird Liebe den leeren Raum von selbst ausfüllen. Höre deshalb so oft wie möglich auf das Flüstern Deiner Seele. Die höchste Energiefrequenz im Universum ist Liebe. Angst ist Liebe in Verlangsamung, in manchen Fällen geht es selbst um stockende Liebe. Also abgebremste Liebe und manchmal selbst ein Mangel an Liebe. Du kannst jederzeit ganz bewußt auswählen, wohin Du Deine Kraft gibst. Dies tust Du schlicht und einfach, indem Du all Deine Gedanken darauf richtest.

Alles was mit Dir geschieht, dafür hast Du Dich immer auf Seelenniveau entschieden. Nichts geschieht umsonst, obwohl Du das mit Deinem menschlichen Verstand oft nicht begreifen kannst. Du kannst also eigentlich nie jemanden be- oder verurteilen, denn Du weißt nicht, was diese Person auf Seelenniveau beschlossen hat, erfahren zu wollen. Auch wenn jemand in Deinen Augen unangenehme und sonderbare Dinge tut, selbst dann kann dies ein Teil seines Seelenplanes sein. Es geht dabei nicht so sehr darum, was passiert, sondern wie Du damit umgehst. Mit welchen Augen schaust Du danach? Jedes Ereignis, also selbst das tragischste und traurigste, hat auf Seelenniveau ein höheres Ziel. Wie Du etwas erfährst, liegt immer an Dir selbst. Du kannst das Ereignis nicht verändern oder ungeschehen machen, wohl aber die Art und Weise, wie Du danach schaust. Du hast immer verschiedene Möglichkeiten, wie Du auf etwas reagierst, und Du bestimmst selbst Deine Reaktion, niemand anders. Deine Gedanken über etwas bestimmen, wie Du Dich fühlst. Fühlt es sich nicht gut an, dann setze den negativen Gedanken sogleich um in einen positiven und laß den negativen einfach los.

Es ist gerade der Plan, Licht und Liebe auch in irdischen Dingen zu sehen und zu erfahren, beispielsweise im Lachen eines Kindes oder in einem schönen Sonnenuntergang. Also nicht, Dich nur auf das „Höhere" zu richten, sondern es vor allem im Alltäglichen zu sehen. Auch auf der Erde ist so viel Licht und Liebe vorhanden, wenn Du es nur sehen willst. Es sind oft gerade die kleinen Dinge, die Dich glücklich machen, eine leckere Tasse Schokolade oder ein Spaziergang am Strand. Genieße das Leben und folge immer Deinem Herzen, denn Dein Herz kennt Deine Seele besser als Dein Verstand. Die Erinnerungen an Zuhause finden sich immer in Deinem Herzen. Du brauchst Dich nur dafür zu öffnen und darauf zu hören. Deine Augen sind hierbei sozusagen die Fenster, wodurch Du als Seele die Welt anschaust. Sorge darum dafür, daß diese Fenster immer so schön und so sauber wie möglich sind. Dann kannst Du als Seele dort am besten hindurchsehen. Und weil Du als Seele aus reinem Licht und purer Liebe bestehst, kannst Du dann auch von selbst mit den Augen der Liebe auf alles um Dich herum schauen.

Und auch dieses Buch schlug sich langsam von selbst zu. Ich wußte, daß das, was ich gerade gelesen hatte, sehr wichtige Informationen enthielt. Ich hatte in meinem Leben nämlich schon oft erlebt, daß Du das, was Du ausstrahlst, auch anziehst. Du bist wirklich immer selbst verantwortlich für Deine eigenen schönen und schlechten Erfahrungen, aber leider geschieht dies nahezu immer unbewußt. Daher ist es ratsam, immer sehr bewußt zu versuchen, soviel wie möglich Liebe, Licht und Positivität auszustrahlen und dann wird dies von selbst wieder zu Dir zurückkommen. Ich wußte aus eigener Erfahrung auch, daß es wirklich nicht immer einfach ist, stets wieder Liebe und Positivität auszustrahlen, aber ich sah wohl ein, daß es sehr wichtig ist, es so oft Du kannst zu versuchen. Du hilfst damit nicht nur anderen, sondern vor allem Dir selbst. Was für Einsichten wieder... Ich stand auf, legte das Buch zurück in den leeren Schrank und ging weiter auf der Suche nach dem nächsten inspirierenden Buch.

Du kannst nur innere Ruhe und Frieden finden,
wenn Du selbst dafür sorgst.

# 6
# Loslassen und Vergeben

Während ich weiter durch die Gänge ging, hörte ich in der Ferne eine Stimme. Neugierig lief ich in die Richtung des Geräusches. Als ich um die Ecke in den nächsten Gang bog, sah ich einen wunderschönen Engel mit langem, blonden Haar auf einem Stuhl sitzen. Er hatte ein prächtiges Kleid an. Ich sah, daß er ein Buch in der Hand hielt, woraus er vorlas. Auf dem Boden um ihn herum saßen verschiedene Seelen, andächtig nach ihm lauschend. Ich ging leise dorthin und setzte mich zu den anderen auf den Boden. Ich war sehr neugierig, was dieser Engel uns alles zu erzählen hatte.

„Ihr Lieben, Ihr seid alle Eins. Ihr kommt alle aus derselben Quelle und besteht aus derselben Energie, die sich in vielen unterschiedlichen Formen zeigen kann, aber im Wesen seid Ihr alle gleich. Jeder repräsentiert eine andere Facette dieser Energie. In diesem Leben hast Du Dich für bestimmte Erfahrungen entschieden, aber es kann einfach so sein, daß Du in einem vorherigen oder folgenden Leben genau die Erfahrung von jemandem auswählst, den Du jetzt verurteilst. Als Seele möchtest Du nämlich alles einmal erlebt haben. Versuche darum, so wenig wie möglich zu werten. Es ist wichtig, nichts hinein zu interpretieren für einen anderen. Du kannst nämlich nie wissen, was der Seelenplan des anderen ist. Also macht es ganz und gar keinen Sinn zu urteilen oder zu verurteilen. Du kannst wirklich lernen, Dich selbst und andere zu lieben, gerade durch Vergeben anstelle von Verurteilen. Vergeben wird einfacher, wenn Du Dir bewußt machst, daß Du der Person vergibst und nicht deren Taten. Falsche Taten sind falsch, aber den Menschen kannst Du vergeben. Sie haben die Dinge aus allen möglichen inneren Zwängen heraus getan. Und wer weiß, ob Du nicht das Gleiche an ihrer Stelle getan hättest. Wenn Du begreifst, was hinter den Taten steckt, kommt die Vergebung wie von selbst. Du kannst dann statt der Fehler die Liebe sehen. In jeder Situation wird immer Liebe gegeben oder um Liebe gebeten. Obwohl das manchmal sehr unbeholfen aussehen kann und sich mehr anfühlt wie ein Überfall.

Vergeben hat immer zu tun mit Liebe und Sich-Einfühlen-Können in die starken und schönen Seiten der anderen Person anstelle der ausschließlichen Mißbilligung ihrer schwachen Stellen. Wenn Du das kannst, dann fällt eine Last von Dir ab und dies wird sich wie eine Befreiung anfühlen. Du kannst dann das Licht im anderen sehen. Sehen, wer er wirklich ist, nämlich eine liebevolle Seele. Sehen, daß derjenige Dich etwas erfahren läßt, was Dich als Seele wiederum wachsen läßt. Das Vergeben geschieht nicht für einen anderen, sondern eigentlich für Dich selbst. Um Dich selbst zu befreien, damit Du die größere Übersicht haben kannst. Vergeben ist, für Dich selbst die Öffnung zu kreieren, trotz allem weiterzuleben und wieder glücklich zu sein. Jeder hat seinen eigenen individuellen Weg zu gehen und jeder Weg ist gut, wenn

Du nur auf Deinem Weg bleibst. Du brauchst die anderen Wege nicht zu verurteilen, sondern nur in Liebe danach zu schauen. Letztendlich hat jeder dieselbe Endbestimmung.

Wir urteilen oft, um uns selbst besser zu fühlen. Versuche immer, die Seele zu sehen, und eine Seele ist niemals schlecht. Laß Deine innere Ruhe und Deinen Frieden nicht mehr durch das Benehmen anderer zerstören. Egal, wie sie sich verhalten. Laß Dich davon nicht ablenken. Vergebung ist, Dir selbst innere Ruhe zu schenken, indem Du anders nach den Dingen schaust. Wenn es beispielsweise um einen Mörder geht, betrachtest Du ihn als Außenstehender ganz anders, als wenn dieser Mörder beispielsweise Dein eigener Sohn ist. Es geht immer um die Perspektive. Du brauchst nicht jemandem wortwörtlich zu vergeben, aber wenn Du dies von Seele zu Seele tun kannst, wird das enorm befreiend wirken. Es ist gut sich zu merken, daß Du als Seele immer unverwundbar und frei bist und daß alles auf Seelenniveau ein Ziel hat. Du bist immer da, wo Du zu sein gehörst, obwohl Du das mit Deinem menschlichen Verstand leider nicht immer fassen kannst.

Vergeben ist auch das Loslassen aller Hoffnungen auf eine bessere Vergangenheit. Deine Erwartungen darüber loslassen, wie die Vergangenheit hätte sein müssen. Wenn Du vollkommen im Hier und Jetzt sein kannst, kann die Vergangenheit Dir keinerlei Schaden mehr zufügen, was da auch geschehen ist. Im Hier und Jetzt bist Du sicher. Wenn Du Dir Sorgen über etwas machst, was noch kommen wird, dann machst Du den gegenwärtigen Moment auch schon unglücklich.

Lebe deshalb jetzt und mache Dir keine Sorgen über gestern oder morgen, sondern sei glücklich im Moment. Eigentlich kannst Du die Vergangenheit und die Zukunft getrost loslassen, denn Du kannst wohl an die Vergangenheit denken, aber das machst Du immer im Jetzt. Und Du kannst an die Zukunft denken, aber das machst Du ebenfalls im Jetzt. Da ist nämlich nur das Jetzt.

Versuche so oft wie möglich, in jeder Situation innere Ruhe zu bewahren. Du wirst damit nicht immer gleich glücklicher, aber innerer Frieden geht immer noch viel tiefer. Dein Geist kann erst durch Stille und Gelassenheit zur Ruhe kommen. Siehe es wie ein Gefäß mit Wasser und Sand. Wenn Du dieses ganz kräftig schüttelst, wird es trübe. Aber wenn Du es ruhig festhältst, sinkt der Sand auf den Boden und das Wasser wird wieder klar. Sei ein stiller Beobachter Deiner Gedanken, Emotionen und was da in Dir geschieht. Dann identifizierst Du Dich nicht mehr so damit und kannst es einfacher loslassen.

Mache Dir keine Sorgen, alles kommt doch so, wie es kommt. Du brauchst Dir nie Sorgen über das zu machen, was Du sagen wirst oder tun mußt, denn das Universum wird Dich immer leiten. Laß es einfach los, gebe die Fäden aus der Hand ans Universum und vertraue darauf, daß alles, was kommt, gut ist.

Geh einen Schritt zurück und laß Dir den Weg weisen. Laß all Deine Erwartungen los und öffne Dich voller Vertrauen für alles, was da kommen wird. Oft ist es so, daß uns dies einfacher mit den Dingen fällt, denen wir am wenigsten Bedeutung beimessen, wo wir sowieso nicht viel darum geben. Aber wenn etwas wirklich wichtig für uns ist, erledigen wir das lieber selbst. Wir denken dann doch besser zu wissen, was gut für uns ist. Versuche gerade dann, mit dem Strom des Lebens mitzufließen und Vertrauen zu haben.

Menschen halten gerne am Alten fest, weil sie Angst haben, was stattdessen kommen wird. Sie haben gerne die Kontrolle und fürchten sich vor dem Unbekannten. Aber wenn Du darauf vertrauen kannst, daß alles, was Du erlebst, immer das Höchste und das Beste auf Seelenniveau für Dich ist, kann dies etwas einfacher gehen. Du kannst mit Deinen menschlichen Augen nun einmal nicht sehen, welche Lektionen jemand zu lernen hat und welche Erfahrungen dafür nötig sind. Wachsen bedeutet also nicht, daß Du immer bekommst, was Du gerne hättest.

Alle Deine Ängste, Bedürfnisse und Emotionen hinsichtlich der Zukunft basieren auf den Erfahrungen aus der Vergangenheit. Schöne Erfahrungen möchtest Du gerne wiederholen und schlechte Erfahrungen willst Du eben lieber vermeiden. Versuche mal, Deine Erfahrungen aus der Vergangenheit und Deine Erwartungen bezüglich der Zukunft loszulassen und fließe voller Vertrauen mit dem Strom mit. Ohne daß Du selbst die Richtung beeinflussen willst. Du wirst merken, daß dann alles ein Stück einfacher gehen wird und Du viel mehr Freude erfahren wirst. Sei einfach offen und interessiert für das, was auf Deinen Weg kommt, und versuche nichts zu erzwingen. Manchmal kannst Du keine Ruhe und kein Glück finden, weil ein bestimmtes Problem nicht aufgelöst ist. Alles in Deinem Leben ist gut, außer diesem einen Problem. Das bedeutet, daß Du nicht vollkommen glücklich bist, denn Du kannst scheinbar erst glücklich sein, wenn jeder um Dich herum glücklich ist. Und häufig ist es dann sogar so,

daß Du Dich dafür auch noch selbst verantwortlich fühlst. Aber eigentlich ist das ein anmaßender Gedanke, denn Du denkst folglich, daß Du jemanden glücklich machen kannst, aber tatsächlich kann das nur jeder selbst tun. Ein anderer kann Dich auch nicht glücklich machen. Es muß bei jedem von innen heraus geschehen und jeder ist für sich und sein eigenes Glück verantwortlich. Es ist gerade besonders wichtig, glücklich mit Dir selbst zu sein. Und indem Du dieses ausstrahlst, kannst Du ein Vorbild für andere sein, und diese können wiederum dann selbst entscheiden, ob sie dies auch erfahren möchten.

Gehe nicht zu weit mit dem Anderen-Helfen-Wollen und trage keine Last, die nicht Deine eigene ist. Es ist nie die Absicht, daß Du Dich selbst vollkommen aufopferst, um die anderen zu „retten" und glücklich zu machen. Und sicher nicht mit dem Hintergedanken, daß dann erst auch Du glücklich sein kannst. Denn dann machst Du Dich vollkommen abhängig vom anderen. Es ist wichtig, Dein Glück und Deinen Frieden aus Dir selbst heraus zu finden und diese auch festzuhalten, ungeachtet der Situation und des Glücks des anderen. Und das bedeutet nicht, daß Du egoistisch bist, sondern einfach nur, daß Du Dich selbst sehr liebst. Und Du kannst erst dann einen anderen lieben, wenn Du auch Dich selbst liebst. Hör auf andere zu retten und entscheide Dich für Dich selbst, ohne Dich schuldig zu fühlen. Du weißt nämlich nicht, warum jemand einen bestimmten Lebensweg eingeschlagen hat und vielleicht arbeitest Du dadurch, daß Du ihn retten willst, gerade gegen das an, was der andere zu lernen hat. Jeder ist für sich selbst verantwortlich. Gib jedem die Möglichkeit, seine Lektionen zu lernen, obwohl die in Deinen menschlichen Augen abscheulich sind. Auf Seelenniveau hat immer alles ein

Ziel. Gib anderen eine Chance, diese Erfahrungen zu machen, und akzeptiere, daß sie sich auf Seelenniveau für dieses Leben entschieden haben. Jeder hat sein eigenes Leben zu leben. Du brauchst und kannst nicht die Leben der anderen leben. Laß jeden seinen eigenen Weg gehen. Du kannst nicht wissen, welches Lebensziel jemand hat. Nach ihrem Leben auf der Erde kommt die Seele wieder nach Hause und sieht, daß sie nicht die Dinge hat lernen und erfahren können, die sie gerne erleben wollte, weil Du sie immer davor bewahren wolltest. Erlaube anderen Menschen, sie selbst zu sein. Versuche nicht, sie zu ändern oder zu heilen. Du kannst ihnen dies nicht aufzwingen.

Manchmal möchte eine Seele etwas ganz anderes, als Du denken wirst. Daher wird auch nicht jeder körperlich oder geistig gesund werden, denn manchmal, wenn jemand sehr krank ist, ist es einfach seine Zeit zu gehen. Ein Körper muß an irgendetwas sterben. Oder eine Seele hat entschieden, gerade einen bestimmten Prozeß oder eine Krankheit zu durchleben. Auf menschlichem Niveau kannst Du oft nicht begreifen, was eine Seele nötig hat. Jeder hat seinen eigenen, einzigartigen Weg zu gehen mit den dazugehörigen Lektionen und Erfahrungen. Wenn wir ein Problem für eine Seele auflösen, wird sie es doch wieder aufs Neue kreieren, weil sie dann noch nicht hat lernen können, was sie auf Seelenniveau lernen wollte. Du kannst sie jedoch in diesem Prozeß unterstützen, indem Du ihr Deine bedingungslose Liebe gibst. Menschen müssen ihre Lektionen selbst lernen. Das kannst Du nicht für sie tun. Und sie werden es tun, wenn sie soweit sind, in ihrer eigenen Zeit und ihrem Tempo. Respektiere deshalb jeden genau so, wie er ist. Erwarte nicht, daß er so ist, wie Du Dir vorstellst, daß er sein sollte. Laß das los.

Loslassen ist eigentlich Freilassen. Also nicht, ich laß Dich los und kehre Dir den Rücken zu und ich ziehe meine Hände von Dir weg. Sondern ich lasse Dich in Liebe frei, Deinen eigenen Weg zu gehen, Deine eigenen Entscheidungen zu treffen. Jemanden freilassen, bedeutet auch, daß Du damit aufhörst zu erwarten, daß der andere Deine Erwartungen erfüllen muß. Nicht jeder ist Dir gleich und denkt das Gleiche wie Du. Wenn Du dies loslassen kannst, wirst Du große Ruhe und Frieden in Dir selbst finden.
Du hast dann keine einzige Erwartung mehr und kannst somit auch nicht mehr enttäuscht werden. Das Wichtigste ist, mit Dir selbst glücklich zu sein, ohne dafür etwas oder jemanden außerhalb Deiner selbst nötig zu haben. Das Glück ist in Dir selbst und niemand kann Dir wehtun oder Dich traurig machen, wenn Du das selbst nicht zuläßt, bewußt oder unbewußt. Und wenn Du mit dem Glücklichsein wartest, bis alle Probleme gelöst sind, dann kannst Du lange warten.

Du bist als Seele auch hier auf der Erde, um Deine Emotionen zu fühlen und zu durchleben. Wenn Du diese Emotionen blockierst, dann können sie nicht mehr fließen und Dein Wachstum stagniert. Du hast positive, glückliche Emotionen und schwerere, negative Emotionen und diese gehören beide zum Leben. Wenn Du Dich vor den schwereren Emotionen verschließt, dann verschließt Du Dich auch vor den glücklichen. Dies geht gar nicht anders, denn sie gehören zueinander wie Licht und Dunkelheit. Gefühle wie Angst, Kummer, Wut und so weiter sind geradezu dafür da, um sie als Seele auf der Erde erfahren zu können. Aber es ist nicht Sinn der Sache, daß Du darin hängenbleibst. Sieh Dir die Emotionen an, fühle sie und lasse sie dann vollkommen los.

Du kannst ein Problem oder eine Krise auch als einen Lernprozeß sehen. Stelle Dir selbst die Frage: Was will mir dies sagen, was kann ich hieraus lernen und wie kann ich hierdurch wachsen? Geh dann einen Schritt zurück und schau es Dir mal aus einem kleinen Abstand an. Indem Du nicht direkt in die Opferrolle gehst, sondern Dir einen Augenblick Zeit nimmst, aus einer anderen Perspektive danach zu schauen, kommst Du wieder in Deine Kraft. Ungeachtet der Situation, in der Du Dich befindest. Die Situation hat sich zwar nicht verändert, aber wohl die Art und Weise, wie Du darauf schaust und wie Du damit umgehst. Und das macht den Riesenunterschied. Tue dies Schritt für Schritt und verurteile Dich selbst nicht, wenn es nicht gelingt. Eine Seele hat Zeit nötig, um sich zu Ent-Wickeln oder Du könntest auch sagen, um sich wieder zu Er-Innern, wer sie wirklich ist. Dies geht schrittweise. Du kannst auch nicht auf einmal aus der Vorschule einen Sprung in die Universität machen.

Ihr seid alle auf der Suche nach Liebe und eigentlich ist das Einzige, was Ihr zu tun habt, in Euch selbst alle Blockaden zu suchen, die Ihr dagegen aufgebaut habt, und diese loszulassen. Dann fließt die Liebe wieder ganz von alleine. Denn die Liebe ist niemals weggewesen, Ihr habt sie nur blockiert.

Ihr kommt auf die Erde mit den von Euch selbst ausgewählten Farben auf Eurer Palette. Nicht mit dem Bild. Das gerade gestaltet Ihr während Eures Lebens mit Hilfe der Farben. Habt Vertrauen. Alles, was Ihr zu tun habt, wird Euch gegeben, selbst dann, wenn Ihr es übersehen solltet. Eure geistigen Führer und Begleiter werden es Euch zu einem bestimmten Moment wieder anbieten, davor braucht Ihr Euch also nicht zu fürchten.

Beziehungen stellen sehr gute und schöne Möglichkeiten dar, um Dich Lektionen zu lehren und Dich Erfahrungen auf der Erde machen zu lassen. Du hast zweierlei Sorten von Beziehungen, nämlich die bedingungslose Beziehung und die spezielle Beziehung. Bei der bedingungslosen Beziehung sagst Du: „Ich will für Dich, was Du für Dich willst." Bei der speziellen Beziehung sagst Du: „Ich will für Dich, was ich für Dich will." Das ist ein wesentlicher Unterschied. Wenn Dein Kind beispielsweise mit seinem Studium aufhören will, dann wirst Du, wenn Du eine bedingungslose Beziehung zu ihm hast, es dabei völlig unterstützen, obwohl Du selbst dies für keine so gute Idee hältst. Du zwingst dann nicht Deinen eigenen Willen auf, weil Du Dich hierdurch vielleicht besser fühlen wirst. Wenn Du das wohl tun würdest, dann ist es mehr eine spezielle Beziehung. Es geht dann sicher nicht um bedingungslose Liebe. Aber manchmal passen Energien einfach nicht zusammen und das ist auch in Ordnung. Jeder hat nämlich seine eigene, einzigartige Energie und mit der einen Energie harmonierst Du nun mal besser als mit der anderen. Es macht deshalb keinen Sinn, dies bei Dir selbst oder jemand anderem erzwingen zu wollen. Laß Dich voller Vertrauen durch die liebevolle Kraft des Universums leiten. Gib dem Universum die Chance, Dich so zu führen, daß alles auf seinen Platz fällt. Tue mit Freude, was Du zu tun hast, und vertraue darauf, daß es ein Universum gibt, das Dich leitet.

Laß alles los, was nicht zu Dir gehört und was Dich beeinträchtigt. Gib Dich selbst dem Universum hin. Plane so wenig wie möglich und lebe mit dem Strom. Folge hierbei immer Deinem eigenen Herzen. Erst wenn Du völlig akzeptierst, was da ist, und dies in Deine Arme schließt, ohne daran etwas verändern oder verbessern zu wollen, also wenn Du das Leben genauso sein läßt, wie es ist, dann fließt Du über von Dankbarkeit, Liebe und Glück. Lebe das Leben, das Du gerne leben möchtest anstatt das, das andere meinen, daß Du es leben müßtest. Laß los, wer Du denkst sein zu müssen, und umarme, wer Du wirklich bist. Ohne Dich darüber aufzuregen, was andere wohl darüber denken werden. Laß los, was andere von Dir halten. Einfach durch das Sein, wer Du bist, und indem Du vollkommen in Deiner Kraft stehst, bist Du ein Vorbild für andere und lädst sie ein, auch in ihre Kraft zu kommen. Wenn Du Dich wirklich völlig selbst akzeptieren kannst und Dich selbst lieben kannst, dann brauchst Du nicht mehr zu suchen. Du bist dann sozusagen Zuhause angekommen bei Dir selbst.

Die Herausforderung besteht darin, Deinen eigenen Himmel auf Erden zu kreieren und das Leben zu genießen und all das, was es zu bieten hat. Versuche mal, Dich mehr gehen zu lassen, und lache mal etwas öfter. Du wirst sehen, daß Deine Energie dann mehr und mehr fließen wird und immer dichter an das Gefühl und die Liebe herankommt, nach denen Du Dich so sehnst. Dann wirst Du Dir selbst bewußt, daß Du ganz und gar nicht erst nach Hause zu gehen brauchst, um dies fühlen zu können, und daß Du, wenn Du Dich dafür entscheidest, es jeden Moment erfahren und auch auf jeden ausstrahlen kannst und so Herzen erreichen und Menschen inspirieren kannst, das Gleiche zu tun. Dann wirst Du entdecken, daß da eine große Welle von Licht und Liebe entsteht, die nicht mehr aufzuhalten ist und die alles und jeden überspült. Und so wirst Du Zuhause auf Erden kreieren."

Der Engel schlug das Buch langsam zu und schaute uns alle liebe-

voll an. Ich hatte atemlos dagesessen und ihm zugehört und fühlte eine riesige Dankbarkeit in mir aufsteigen, daß ich diese Nacht hier an diesem besonderen Ort sein durfte und so viel Inspiration und Weisheiten empfangen durfte. Er stand auf und umarmte uns alle, einen nach dem anderen. Als ich an der Reihe war, fühlte ich so viel Liebe durch mich hindurchfließen, daß es mir fast den Atem nahm. Dies war wirklich die Liebe von Zuhause, die er ausstrahlte, und das fühlte sich so herrlich und vertraut an. Er schaute mir tief in die Augen und sagte: „Es ist wirklich das Ziel, daß Du diese Liebe auch so oft wie möglich ausstrahlst und verbreitest auf Erden, Liebes. Das ist Deine Aufgabe und tief von innen heraus weißt Du das auch. Laß darum all Deine Zweifel hierüber los und gebe Dich dem Universum hin und merke Dir: Du brauchst nichts zu tun, Du brauchst nur zu sein." Ich bekam noch eine letzte Umarmung und langsam lief der Engel aus dem Gang hinaus. Ich war stark beeindruckt von dem, was gerade geschehen war und fühlte, wie wichtig seine Botschaft für mich war. Ich nahm mir dann auch vor, mir sehr gut zu merken, was er mir gesagt hatte, und alles dafür zu tun, meine Aufgabe so gut ich konnte durchzuführen. Von nun an würde ich versuchen, so oft wie möglich Licht und Liebe von Zuhause auf alles und jeden um mich herum auszustrahlen.

Indem Du Deine Gedanken veränderst,
veränderst Du auch Deine Erfahrungen.

# 7
# Bewusst Umgehen mit Deinen Gedanken und Gefühlen

Ich saß immer noch tief in Gedanken versunken auf dem Boden und als ich wieder um mich herumschaute, sah ich, daß alle anderen Seelen, die bei mir gesessen waren, inzwischen verschwunden waren. Ich war so tief beeindruckt von der Energie und den Worten dieses liebevollen Engels, daß ich davon überhaupt nichts mitbekommen hatte. Ich stand auf und wollte in einen der nächsten Gänge gehen, als ich plötzlich einen herrlichen Blumenduft wahrnahm. Ich wurde völlig davon angezogen und zu meiner Verwunderung schien er aus einem der Bücher zu kommen, die im Bücherschrank dieses Ganges standen. Ich nahm das Buch hoch und bemerkte schmunzelnd, daß hier jedes Buch, das für mich bestimmt war, wohl eine ganz besondere Art und Weise hatte, meine Aufmerksamkeit auf sich zu ziehen. In diesem Gang stand zu meiner Überraschung nirgendwo ein Sofa oder Sessel, aber stattdessen lagen überall Kissen auf dem Boden. Ich kuschelte mich zwischen ein paar der Kissen und saugte den herrlichen Duft dieses Buches in mich auf. Ich blätterte es eben durch und auf einer der Seiten entdeckte ich eine wunderschöne, getrocknete Blume. Diese Blume verursachte scheinbar den herrlichen Duft, der aus diesem Buch aufstieg. Und verwundert begann ich zu lesen.

Nichts von dem, was Du siehst, bedeutet etwas. Du hast ihm nur die Bedeutung beigemessen, die es für Dich hat. Aber tatsächlich ist immer alles neutral. Dies hast Du wohl auch vorher schon gelesen, aber es ist sehr wichtig, daß Du es wirklich gut verstehst. Daher wird es hier nun noch einmal wiederholt. Du kreierst Deine eigene Wirklichkeit und es gibt nur einen, der für Dein Denken verantwortlich ist, und das bist Du selbst. Du allein bist verantwortlich für Deine eigenen Gefühle und Gedanken. Es ist Deine eigene Haltung, die bestimmt, ob Du inneren Frieden fühlst oder Angst. Wenn Du mit den Augen der Liebe schaust, erkennst Du das Licht in jedem wieder, der auf Deinen Weg kommt. Aber dies gelingt nun mal nicht immer. Wenn Du ängstlich bist, dann versuche mal, Dir ein Bild vorzustellen, von dem Du glücklich und ruhig wirst. Beispielsweise einen schönen Ort oder jemanden, den Du sehr liebst. Dann veränderst Du die Angst in Liebe. Und jedes Mal, wenn Du Dich für Liebe entscheidest, wirst Du Dich wieder ein bißchen mehr Er-Innern, wer Du wirklich bist, und Du wirst immer mehr zu Dir selbst nach Hause kommen. Wenn Du willst, kannst Du alle Gedanken, die Dir Schmerz bereiten, verändern. Du erfährst nämlich immer das, worauf Du Dich einstellst und was Du erwartest. Wenn Du auf die Stimme der Liebe in Deinem Herzen hörst, kannst Du Dich jeden Moment, was da auch geschieht in Deinem Leben, immer für Liebe anstelle von Angst entscheiden.

Als Seele bestehst Du gänzlich aus Licht und Liebe. Darauf ist

die Energieschwingung Deiner Seele abgestimmt. Wenn Du Dich mit Liebe und Licht beschäftigst, wirst Du Dich daher immer gut fühlen, weil diese Energie ganz übereinstimmt mit Deiner Seelenenergie. Konzentrierst Du Dich auf Angst, Wut, Depression, Kummer und so weiter, dann wirst Du Dich sogleich schlechter fühlen, weil diese Gedanken und Emotionen einc ganz andere Energieschwingung haben, als Du selbst als Seele hast. Da kommt dann ein Gefühl von Unbehagen auf, weil diese Energien praktisch zusammenstoßen. Daher ist es so wichtig, immer auf Dein Gefühl zu hören. Du kannst dies gewissermaßen als Dein eigenes Navigationssystem nutzen. Fühlt es sich gut an, dann folge Deinem Kurs. Fühlt es sich nicht gut an, dann verändere Deinen Kurs, bis es sich wohl gut anfühlt. Dann bist Du wieder im Fluß Deiner eigenen Seelenenergie und alles wird viel einfacher und glücklicher gehen.

Es gibt keinen anderen Menschen, der Dir den richtigen Weg zeigen kann, denn niemand kann fühlen, wie sich Dein Energieniveau für Dich anfühlt. Wenn Dir jemand einen bestimmten Rat gibt, ist das erste, was Du tun solltest, bei Dir selbst nachzufühlen, ob es sich für Dich gut anfühlt oder nicht. Ist dies nicht der Fall, dann folgst Du dem Rat nicht.

Vertraue auf Deine eigene innere Weisheit und Kraft. Wenn es sich gut für Dich anfühlt, ist es gut, und wenn es sich schlecht für Dich anfühlt, dann ist es das sicher nicht. So einfach ist das. Fokussiere Dich deshalb so oft wie möglich auf die Dinge, bei denen Du Dich gut fühlst. Dinge, die mit Deiner Seelenenergie übereinstimmen. Stelle Dich vor allem auf positive Dinge ein. Und natürlich sind da auf Erden auch ganz viele negative Sachen so wie Hunger, Kummer, Krieg und so weiter, aber lege nicht Deinen Fokus darauf. Dies wird nämlich Deine Seelenenergie zerstören, so daß Du aus der Balance gerätst und nicht mehr mit dem Fluß mitfließen würdest. Dies bedeutet nicht, daß Du alle negativen Dinge negieren solltest, das wäre auch ein bißchen seltsam. Aber lege nicht mehr so viel Nachdruck darauf und gehe nicht in deren Negativität mit. Schaue immer mit den Augen der Liebe. Wenn Du dies tust, wirst Du auch Deine liebevolle Seelenenergie auf andere ausstrahlen und so die Welt etwas heller und liebevoller machen. Kleinvieh macht auch Mist und die einzige Art, wie Du dies herbeiführen kannst, ist, bei Dir selbst damit zu beginnen. Lasse Deine liebevolle Seelenenergie immer stärker werden. Du wirst dann auch Menschen anziehen, die sich angezogen fühlen, weil sie sich bei Dir immer wohlfühlen. Und so verstärkt Ihr gegenseitig Eure Energie. Und dies alles nur, indem Du so gut auf Dein eigenes Gefühl hörst.

Als Mensch möchtest Du immer alles begreifen, aber das kann leider nicht klappen, weil Du hierin durch Deinen menschlichen Verstand eingeschränkt wirst. Oft verstehst Du Dinge besser, wenn Du vor allem auf Dein Gefühl und Deine innere Stimme hörst. Du kannst immer etwas lernen aus der Situation, in der Du Dich gerade befindest, wie unerwünscht diese im ersten Moment auch erscheinen mag. Jeder Tag bietet Dir neue Möglichkeiten, von denen Du lernen kannst, daß Du selbst verantwortlich bist für Deine Erfahrungen und daß Du selbst entscheiden kannst, Dich nicht als Opfer zu sehen, sondern als jemanden, der sein Bestes tut, um zu lieben und loszulassen. Jemand, der nicht länger sich selbst oder andere be- oder verurteilt.

Wenn Du über etwas sprichst oder an irgendetwas denkst, das eine negative Ladung hat, dann ziehst Du es an, weil Du ihm Aufmerksamkeit schenkst. Auch wenn es etwas ist, das Du gar nicht willst. Sobald Du Energie da hineinsteckst, kommt es in Dein System. Das ist nun einmal ein Naturgesetz. Daher ist es so wichtig, Dich sehr bewußt damit zu beschäftigen, was Du denkst, sagst und tust. Nochmals, fokussiere Dich vor allem auf positive Sachen und Dinge, die Du gerne in Deinem Energiefeld haben und anziehen möchtest. Tue dies vor allem auch dann, wenn Du beispielsweise etwas in der Zeitung liest oder im Fernsehen siehst. Sei hierin sehr wählerisch, so daß Dein Energiefeld nicht zerstört wird. Schenke dem einfach keine Aufmerksamkeit.

Es ist wie beim Radiohören. Nur die Sender und die Wellenlänge, die Du einstellst, wirst Du empfangen. Stelle darum immer eine Energieschwingung ein, bei der Du Dich gut fühlst. Das ist alles. Dann können all die anderen Frequenzen einfach nicht bei Dir landen. Nur diejenigen, die Du empfangen willst. Du hast dabei immer eine Wahlmöglichkeit! Es ist wichtig, daß Du die Dinge mit anderen Augen siehst, wenn Du sie verändern möchtest. Dies erfordert Übung, aber ist die Mühe sehr wert. Schenke den Dingen, die Du nicht mehr willst, einfach keine Beachtung mehr. Du kannst wirklich Deine eigene Realität selbst kreieren. Richte Deine Aufmerksamkeit nicht auf das, was Du nicht willst, sondern auf das, was Du wohl willst.

Du kannst Deine Gefühle und Emotionen Schritt für Schritt verwandeln. Dies klappt jedoch nicht immer direkt. Wenn Du Dich beispielsweise schwer depressiv fühlst, kannst Du nicht auf einmal voller Freude und Glück sein. Dies erfordert Zeit. Du kannst wohl, indem Du Deine Gedanken bewußt veränderst, Deine depressiven Gefühle zum Beispiel in Unzufriedenheit umwandeln. Dies ist zwar noch immer kein wirklich schönes Gefühl, aber wohl schon ein ganzes Stück besser, als Dich depressiv zu fühlen. Und der nächste Schritt könnte dann sein, daß Du diese Unzufriedenheit wiederum bewußt veränderst, beispielsweise in Akzeptanz, und dann kannst Du wieder einen Schritt weitergehen zu innerer Ruhe und innerem Frieden. Und dann ist der Schritt in ein glückliches Leben auf einmal nicht mehr so groß und für Dein Gefühl wirklich erreichbar. Und wenn Du diesen Gedanken zuläßt, gelangst Du von alleine in glückliche Situationen, denn die ziehst Du dann an und dann kommt da ein Moment, wo Du wirklich voller Freude sein kannst. Du siehst, daß es manchmal ein sehr langer Weg ist, den Du zurücklegen mußt, aber bei jedem Schritt wirst Du Dich besser fühlen. Du kannst dies nun einmal nicht beschleunigen. Das funktioniert einfach nicht. Was helfen kann, ist, Deinem Leben etwas leichter und mit mehr Selbstironie entgegenzutreten. Nimm Dich selbst nicht so ernst. Es braucht nicht alles so perfekt sein. Entspanne Dich und genieße das Leben, lache und habe mehr Spaß. Genieße auch die Reise und versteife Dich nicht zu sehr auf Dein Endziel. Der Grund, weshalb Du als Seele hier bist, ist, vollkommen zu erfahren, was es bedeutet, in einem menschlichen Körper zu sein und im Bewußtsein zu wachsen. Das ist es, worauf Du Dich fokussieren kannst. Auf Dein Wachstum als Seele. Das ist Dein Ziel. Wenn Du etwas denkst, das sich nicht gut anfühlt, dann wirst Du nichts daran verändern, wenn Du einen negativen Gedanken hast, sondern Du wirst die Energieschwingung dieses Gedankens wieder erhöhen durch einen positiven Gedanken. So bringst Du Dich selbst wieder in Balance. Du kannst Dich beispielsweise

selbst fragen: Gibt es eine bessere Weise, wie ich hierüber denken kann? Wie kann ich in diesem Fall mit den Augen der Liebe schauen?

In jedem Bereich Deines Lebens kannst Du Deine emotionale Energieschwingung erhöhen. Du hast die Kontrolle darüber. Dies geht nicht immer auf einmal, sondern Schritt für Schritt. Solange Du Dir nur der Kontrolle bewußt bleibst, die Du über Deine Gedanken hast und hierfür auch die Verantwortung übernimmst. Das Einzige, was Du zu tun hast, ist, Dich immer wieder abzustimmen auf die Gedanken, mit denen Du Dich gut fühlst. Du kannst das wirklich selbst trainieren und dann wirst Du merken, daß die Gedanken immer einfacher und verständlicher für Dich werden. Wenn Du gerne etwas möchtest in Deinem Leben, mache dann das Gefühl, das Du davon bekommst, zu Deinem Ziel. Zum Beispiel Glück oder innere Ruhe. Und nicht das Ding oder die Situation, womit Du denkst, dies zu bekommen.

Weil Du immer die Freiheit hast, Deine eigenen Gedanken zu wählen, bist Du im Wesentlichen immer frei. Begreife, daß Du Dich schon gut fühlen kannst allein dadurch, daß Du Dich so fokussierst, daß es sich gut anfühlt. Dann schenkst Du Dir selbst die Freiheit, die Du vielleicht schon ein ganzes Leben lang suchst. Und andere um Dich herum werden sich damit auch viel besser fühlen. Denn wenn sie entdecken, daß Du ihr Verhalten nicht verantwortlich dafür machst, wie Du Dich fühlst, dann fällt eine große Last von ihnen ab. Oft denkst Du, daß Du erst glücklich sein kannst, wenn die Welt und andere um Dich herum verändert sind. Aber davon bist Du nicht abhängig. Es ist gerade die Kunst, glücklich zu sein, ungeachtet dessen, was außerhalb von Dir geschieht. Wenn Du das kannst, dann wirst Du wirklich Zuhause ankommen bei Dir selbst.

Richte Deine Aufmerksamkeit nicht auf die Dinge, die Dich an jemandem irritieren, sondern stattdessen auf die Dinge, die Dir wohl gefallen. Bleibe auch immer in Deinem eigenen Lebensfluß. Du kannst nicht im Fluß von jemandem anderen mitfließen, denn Du kannst nicht fühlen und erfahren, wie es ist, der andere zu sein. Wenn Du dies versuchst, bedeutet das nur, daß Du gegen Deinen eigenen Fluß anpaddelst. Fokussiere Dich deshalb nur auf Deinen eigenen Fluß. Laß andere leben, wie sie leben wollen, ohne einzugreifen und zu verlangen, daß sie ihr Leben verändern, um Dir ein besseres Gefühl zu geben. Das ist bedingungslose Liebe.

Jeder weiß, daß es viel einfacher ist, mit dem Strom zu fließen und doch rudern ganz viele Menschen geradezu gegen ihren eigenen Lebensfluß an. Sie geben sich alle Mühe. Erst wenn sie todmüde sind und wirklich nicht mehr können, lassen sie los und fühlen dann, wie herrlich und befreiend es ist, sich selbst mit dem Strom treiben zu lassen. Es fühlt sich glücklich an. Gestehe Dir selbst zu, Dich zu entspannen und Dich voller Vertrauen und frei mit dem Strom des Lebens mittreiben zu lassen. Dem Strom Deines Seelenplanes. Dem Strom also, den Du selbst kreiert hast. Du lebst dann das Leben, für das Du Dich als Seele entschieden hast, gerade indem Du Deine Denkmuster, die Dich davon abhalten dem Strom zu folgen, bewußt und vorsätzlich losläßt. Dies wird Dir eine große Erleichterung schenken.

Wenn Du Dich voller Freude, dankbar, zufrieden und glücklich

fühlst, ist das ein Zeichen, daß Du mit dem Strom fließt. Da gibt es dann keinerlei Widerstand. Aber wenn Du negative Emotionen fühlst wie Frustration, Wut oder Angst, bedeutet das immer, daß Du gegen den Strom anruderst und nicht Deinem Seelenplan folgst. Auch wenn Du für irgendetwas sehr hart arbeiten mußt und Du mit Deinem ganzen Willen versuchst etwas zu erzwingen, solltest Du damit besser aufhören. Häufig ist es dann so, daß Dein Ego hier am Werk ist. Wenn etwas wirklich im Sinne Deines Seelenniveaus ist, dann geht es mühelos und einfach und es fließt von allen Seiten. Du bist dann im Fluß. Wenn Du das Gefühl hast, daß es nicht gelingen wird, dann ist das oft ein Zeichen, daß Du etwas tust, das nicht Sinn der Sache ist. Dann bist Du nicht im Fluß.

Stell Dir mal vor, daß Du kräftig gegen den Strom anruderst und dann ganz bewußt beschließt, hiermit aufzuhören. Du läßt los und läßt Dich ruhig und herrlich mit dem Strom mittreiben. Fühle die Erleichterung, die Du dann erfahren wirst. Entspanne und vertraue darauf, daß dieser Strom Dich zu dem mitnimmt, was Du Dir wünschst und was gut für Dich ist. Nimm jeden Moment bewußt wahr und frage Dich selbst regelmäßig, ob Du wohl oder nicht mit dem Strom mittreibst. Ist dies nicht der Fall, dann nehme Dir einen Moment Zeit und beschließe ganz bewußt, dies loszulassen und stattdessen wieder herrlich mit dem Strom mitzutreiben. Du wirst dann selbst merken, daß alles viel einfacher gehen wird.

Während Deines Lebens machst Du Erfahrungen und siehst Dinge, die Du in aller Deutlichkeit nicht willst. Dadurch bekommst Du ein immer klareres Bewußtsein für das, was Du wohl willst. Mit anderen Worten, Du begreifst immer besser, was Du wohl willst, wenn Du mit demjenigen konfrontiert wirst, was Du nicht willst. Und das ist auch der Sinn Deines Lebens in der Dualität auf der Erde. Denn indem Du Kontraste erfahren kannst, kommen da Ideen und Wünsche in Dir hoch, die Dich stimulieren, Dich für dasjenige zu entscheiden, das Du wirklich willst. So kannst Du als Seele wachsen und mehr Liebe und Licht zulassen. Du kannst dann die Erfahrungen, die Du eigentlich nicht willst, als eine Erinnerung daran sehen, was Du wohl willst und Dich dann hierfür mit Deinem ganzen Herzen entscheiden und Dich darauf fokussieren. Wenn Du weißt, was Du nicht willst, weißt Du auch besser, was Du wohl willst und so wird eigentlich aus demjenigen, was Du nicht willst, eine bessere Idee geboren. Und wenn Du diese Idee zuläßt, fließt Du von selbst in die richtige Richtung Deines Seelenplanes.

Emotionen spielen eine große und wichtige Rolle in Deinem Leben. Emotionen sind eigentlich die Sprache Deiner Seele. Die Emotionen, die Du fühlst, sind immer die Gradmesser, ob Du mit dem Strom mitfließt oder gerade nicht. Ob Du gemäß Deines Seelenplanes lebst oder gerade nicht. Deine eigenen Emotionen erzählen Dir das. Du brauchst nur darauf zu hören. Höre auf das Flüstern Deiner eigenen Seele. Dir Deiner eigenen Emotionen bewußt zu sein, ist also sehr wichtig für Deine Entwicklung und Dein Wachstum. Alles dreht sich um das Bewußt-Werden und das Abstimmen Deiner Gedanken und Emotionen. Laß Dich hierbei durch den Strom leiten und denke daran, daß Du das, was Du ausstrahlst, auch wieder anziehst, ob Du dies nun bewußt oder unbewußt tust. Nicht das, was Du tust, macht den Unterschied, sondern wie Du Dich fühlst bei dem, was Du tust.

Wenn Du Deine Aufmerksamkeit auf die sich gut anfühlenden Gedanken richtest, obwohl die gegenwärtige Situation dies nicht in Dir hervorruft, wirst Du Dich von selbst besser fühlen. Und wenn es auch nur ein bißchen ist, Kleinvieh macht auch Mist. Und je öfter Du das übst, desto einfacher wird es Dir gelingen. Es ist wirklich nichts anderes, als ganz bewußt mit Deinen Gedanken und Gefühlen umzugehen und zu wissen, daß Du selbst immer die Kontrolle darüber hast. In welcher Situation Du Dich auch befindest.

Versuche, Gedanken zu kreieren, bei denen Du ein erleichtertes Gefühl bekommst. Dann wird es etwas leichter loszulassen. Nochmals, es wird nicht einfach werden, wenn Du Dich schwer depressiv fühlst, Deine Gedanken von einem Moment auf den anderen in Freude und Fröhlichkeit zu verwandeln. Aber wenn Du anfängst, an etwas zu denken, das Dir ein Lächeln aufs Gesicht zaubert, beispielsweise eine schöne Erinnerung, dann machst Du einen sehr wichtigen Schritt in die richtige Richtung. Du fühlst dann eine gewisse Erleichterung und Du wirst etwas weniger hart wassertreten. Und wenn Du dies ganz bewußt weiterübst, dann wirst Du merken, daß da ein Moment kommt, in dem Du Dich traust, ganz und gar nicht mehr wasserzutreten und Dich dem Strom hinzugeben. Und dann wirst Du die Erleichterung und Freude des Loslassens fühlen und herrlich und voller Vertrauen mit dem Strom mitfließen können. Dann wirst Du auch merken, daß Dein Strom Dich trägt, anstatt daß Du dagegen anruderst. Sei bei diesem Prozeß wohl lieb mit Dir selbst und erzwinge nichts, denn dann wird es sicher nicht gelingen. Selbst das geringste Gefühl von Erleichterung weist darauf hin, daß Du etwas Widerstand losgelassen hast. Sieh es als eine Übung an, womit

Du Dich jeden Moment in die Richtung bewegen kannst, für die Du Dich entschieden hast, und nach und nach wirst Du verstehen, wie herrlich und befreiend es eigentlich ist, daß Du selbst die Kraft und die totale Kontrolle über Deine eigenen Gedanken und Gefühle hast und so über Dein ganzes Leben. Du hast die Macht, Dein eigenes Leben zu beeinflussen.

Wenn Du denkst, daß andere ihr Verhalten verändern müssen, um Dein Leben angenehmer zu machen, machst Du Dich selbst abhängig. Es hat keinen Sinn, andere zu bitten, ihr Verhalten zu ändern. Darüber kannst Du gar keine Kontrolle haben. Aber Du hast wohl die völlige Kontrolle über Deine Reaktionen auf das Verhalten eines anderen. Wenn Du begreifst, daß Du Deine eigenen Gedanken auswählen kannst und daß Du selbst Einfluß darauf ausüben kannst, wie Du Dich in jeder Situation fühlst, dann hast Du immer die Kontrolle über Dich selbst und stehst vollkommen in Deiner Kraft. Du fühlst Dich dann vollkommen frei. Denke daran, daß eine Verbesserung einer bestimmten Situation erst eintreten wird, wenn Du vorher eine Verbesserung darin geschaffen hast, wie Du Dich in ihr fühlst. Wenn Du Dir dies immer wieder bewußt machst, wirst Du fortwährend in Balance sein. Es ist sehr wichtig, daß Du bewußt in Deinem eigenen Fluß bleibst und hierin mittreibst. Dann wirst Du ein Leben voller Freude, Licht und Liebe erfahren. Nur in Deinem eigenen Strom kannst Du Nachhause-Kommen zu Dir selbst.

Aber woher weißt Du nun, ob Du Dich gut in Deinem eigenen Strom befindest? Das ist eigentlich ganz einfach, folge einfach Deinem Gefühl. Das ist immer Dein Gradmesser. Beispielsweise jedesmal, wenn Du Kritik an jemandem ausübst oder jeman-

den verurteilst, gehst Du gegen den Strom an und wirst Dich schlecht fühlen. Und jedesmal, wenn Du Anerkennung für etwas oder jemanden empfindest, gehst Du mit dem Strom mit und Du wirst Dich herrlich fühlen. Gib also immer sehr gut Acht auf Dein eigenes Gefühl. Ist dies nicht das, was Du willst, dann verwandele es in ein Gefühl, das Du wohl willst. Das kannst Du ganz bewußt tun, indem Du positive Gedanken wählst. Die Kontrolle hast immer Du. Und Du kannst Dir dies wirklich selbst beibringen. Du brauchst nur an etwas zu denken, von dem Du glücklich wirst und Du wirst sogleich Deinen Widerstand loslassen und mit dem Strom mittreiben. Und sei es nur für ein paar Sekunden. Vielleicht gewinnt dann der Gedanke, der Dich stört, schnell wieder die Oberhand, aber sobald Du Dir dessen wieder bewußt wirst, kannst Du Dich abermals dafür entscheiden, zu dem einen Gedanken zurückzukehren, der Dich glücklich machte. Und möglicherweise hältst Du es diesmal wohl eine Minute fest im Bewußtsein und beim nächsten Mal fünf Minuten und danach sogar eine halbe Stunde. Je häufiger Du es übst, desto einfacher wird es gehen. Du mußt Dich nur sehr bewußt damit beschäftigen und daran arbeiten. Es wird nicht gleich von selbst gehen. Aber mit der Zeit wirst Du merken, daß es auf eine immer natürlichere Weise geht. Du hast Dich dann gewissermaßen programmiert, Dir direkt darüber bewußt zu werden, wenn Du negative Gedanken und Gefühle hast, und wirst diese unmittelbar verwandeln in positivere, weil Du durch das viele Üben schon erfahren konntest, wie schön das ist. Wenn Du einmal dieses Gefühl gehabt hast, willst Du nur noch mehr und mehr davon.

Weil Licht und Liebe die Essenz Deiner Seele sind, haben sie auch immer eine enorme Anziehungskraft auf Dich. Und wenn Du im

Fluß bist, wirst Du merken, daß dieser immer von sich aus in Richtung Liebe und Licht strömt. Und wenn Du mit dem Strom mittreibst, kannst Du bestimmte Situationen oder Probleme gerade aus der Sicht von Licht und Liebe heraus betrachten.

Das geht nicht, wenn Du gegen den Strom anschwimmst, denn dann kehrst Du Dich geradezu ab von Licht und Liebe. Es ist einfach eine Frage des Selbsttrainings, um die positiven Seiten eines bestimmten Themas zu sehen anstelle der negativen Seiten. Und zu gegebener Zeit kommt da ein Wendepunkt, an dem Du Dich nicht mehr bewußt darauf zu konzentrieren brauchst. Es ist dann Dein natürliches Verhalten geworden.

Es ist also wichtig, daß Du nicht im Strom von jemandem anderen mitfließt, sondern nur in Deinem eigenen Strom und daß Du dann auch nicht gegen Deinen Strom angehst, sondern Dich einfach voller Vertrauen von diesem Strom mittreiben läßt. Und genieße alles, was Du unterwegs erlebst. Das ist Wachsen und das ist Dein Ziel auf Erden. Um als Seele noch mehr in Freude, Bewußtsein, Licht und Liebe zu wachsen. Genieße also vor allem die Reise. Du gehst nicht in den Urlaub, um ihn so schnell wie möglich zu beenden und wieder zu Hause zu sein. So gehst Du als Seele auch das Abenteuer auf der Erde nicht an. Es ist als Seele nicht Dein Ziel, es so schnell wie möglich hinter Dir zu haben, sondern es in vollen Zügen zu genießen und aus all Deinen Erfahrungen auf der Erde zu lernen, so daß Du als Seele hierdurch in Bewußtsein, Licht und Liebe wächst und dies alles wieder nach Hause mitnimmst, wenn Deine Reise auf Erden vorbei ist.

Wie glücklich war ich mit diesen Worten. Das war mir alles so

bekannt. Das Gefühl, daß Du buchstäblich gegen den Strom am Rudern oder Schwimmen bist und dann das herrliche, befreiende Gefühl, wenn Du das loslassen kannst. Ich habe das oft genug mitgemacht. Daß ich mich mit etwas beschäftigte, was sich eigentlich nicht gut anfühlte, und dann gelang es auch nicht. Und wenn ich es dann losließ und mich mit dem Strom mittreiben ließ, daß dann die Dinge von selbst auf meinen Weg kamen, mit denen ich mich wohlfühlte.

Was mich vor allem in diesem Buch berührte, war das Stück darüber, daß manche Menschen erst glücklich sein können, wenn jeder um sie herum glücklich ist. Ich war deutlich einer von ihnen. Und auch ich versuchte oft, Menschen in meiner nächsten Umgebung zu „retten". Dabei ging ich manchmal so weit, daß es auf Kosten meiner selbst ging.

Nun begriff ich, daß ich ihnen und mir selbst damit eigentlich gar keinen Gefallen getan habe, weil sie so nicht die Lektionen und Erfahrungen machen konnten, für die sie sich als Seelen entschieden hatten. Ich begriff nun sehr gut, daß Du niemals im Strom eines anderen schwimmen kannst. Daß es sehr wichtig ist, Dich auf Deinen eigenen Strom zu fokussieren und vor allem auch mit dem eigenen Strom mit zu fließen.

Dies war für mich wirklich eine Offenbarung und ich nahm mir vor, hierauf von nun an sehr bewußt zu achten. Ich hatte nun glücklicherweise gelernt, wie ich das tun kann. Ich schaute noch eben in das Buch, aber ich roch den herrlichen Blumenduft nicht mehr, also wußte ich, daß das Buch wieder in den Bücherschrank zurückgestellt werden durfte. Ich fühlte auch, daß ich mich jetzt auf den Weg machte zum letzten Buch auf dieser Reise durch die Bibliothek von Zuhause. Ich war sehr neugierig, wo ich es finden würde und was es mir alles erzählen würde, und ich machte mich wieder voller Erwartung weiter auf die Suche.

Lebe immer aus Deinem Herzen heraus.

# 8
# Ein besonderes Buch

Nachdem ich durch eine Anzahl von Gängen, die wiederum alle mit Büchern vollstanden, herumspaziert war, wurde meine Aufmerksamkeit auf eine große, hölzerne Wendeltreppe gezogen. Ich lief wie von selbst darauf zu und ging nach oben. Ich fühlte, daß sich dort etwas befand, was für mich bestimmt sein würde. Oben angekommen, erblickte ich zu meinem Erstaunen einen wunderschönen Saal, in dem mich ein großes Orchester erwartete. Der Saal war voll mit anderen Seelen und ich beschloß, mich auch dazuzusetzen. Ich war sehr neugierig, was dort geschehen würde. Dann hörte ich einen Gong, das Licht wurde gedimmt und das Gemurmel verstummte. Das Orchester begann zu spielen. Ich wußte nicht, wie mir geschah. Diese Musik war so fantastisch, so wunderschön, so etwas hatte ich noch nie in meinem Leben gehört! Besonders bemerkenswert war, daß ich die Musik nicht nur hören, sondern auch fühlen konnte. Es war, als ob eine warme, liebevolle Decke über mich gelegt werden würde und ich fühlte so viel Freude und Liebe, daß mir Tränen der Rührung über die Wangen kullerten. Ich weiß nicht, wie lange ich der himmlischen Musik zugehört hatte, aber auf einmal hörte ich

rasenden Applaus und um mich herum waren alle Seelen in dem Saal aufgestanden. Es war, als würde ich aus einer Trance erwachen; ich fühlte mich so voller Liebe, daß ich am liebsten jeden in dem Saal hätte küssen wollen. Was war das für eine fantastische Erfahrung.

Als ich zur Seite schaute, sah ich zu meiner großen Überraschung, daß mein geistiger Führer Charion neben mir saß. Dies hatte ich gar nicht gemerkt. Ich schaute ihn strahlend an und sagte: „Wie war das toll. So habe ich Musik noch nie erlebt!" Er umarmte mich und sagte schmunzelnd: „Ja, Liebes, ich wollte gerne, daß Du die Liebe und die Harmonie, die hier Zuhause herrschen, auf eine besondere Art und Weise erfährst. Hier ist Musik unheimlich wichtig. Du hörst sie nicht nur, sondern es ist auch eine glückselige Erfahrung, wie Du bemerken k0nntest. Du kannst Dich gänzlich damit aufladen und die Töne haben eine besonders heilende Wirkung. Es werden hier viele solcher Konzerte gegeben. Es ist die optimale Art und Weise, die heilende Energie von Zuhause in ihrer Vollkommenheit erfahren zu können."
„Wie beeindruckend", seufzte ich glücklich. „Ich habe es wirklich genossen!"

Ich schaute Charion an und beobachtete einen geheimnisvollen Ausdruck in seinen Augen. Dann sagte er: „Aber, lieber Schatz, das ist noch lange nicht alles. Wir haben noch etwas mehr für Dich in petto. Schau mal auf das Podium. Wie Du sehen kannst, hat sich dort etwas verändert." Ich schaute nach vorne und sah, daß das ganze Orchester verschwunden war. Auf der Bühne stand ein sehr großer, schöner Stuhl. Er sah ein bißchen aus wie ein Thron. Charion stand auf und streckte seine Hand nach mir aus.

Ich wußte nicht, welchen Zweck es hatte, aber ich nahm seine Hand und ließ mich von ihm leiten. Wir gingen zusammen nach vorne und er bat mich, auf dem wunderschönen Stuhl Platz zu nehmen. Ich fühlte mich hierbei nicht wirklich gut, denn der Saal war noch immer gefüllt mit all den Seelen, die auch dem Konzert gelauscht hatten. Sie schauten mich alle erwartungsvoll an. Ich drehte mich zu Charion um und sagte: „Du glaubst doch nicht wirklich, daß ich mich auf den Stuhl setzen werde? Das kann nicht Dein Ernst sein. Der ist wirklich nicht für mich bestimmt!" Charion hörte mir lächelnd zu und antwortete: „Setz Dich einfach mal hin und höre mir zu, was ich Dir zu sagen habe. Es wird Dir schnell genug alles deutlich werden. Vertraue mir einfach."

Ich zögerte noch ein wenig, aber ich wußte auch, daß Charion mich niemals etwas tun ließe, was nicht gut für mich sein würde, also nahm ich mit leichtem Widerwillen Platz auf dem wunderschönen Stuhl mitten auf dem Podium. Ich fühlte mich dabei, gelinde gesagt, sehr unbehaglich. Ich schaute ein bißchen verlegen durch den Saal und wartete gelassen auf das, was da kommen würde. Charion stellte sich vor mich hin und begann zu sprechen.

„Lieber Schatz, ich weiß, daß Du es nicht schön findest, so im Mittelpunkt zu stehen, aber es ist sehr wichtig, gut auf diese Botschaft zu hören und zu fühlen, was sie in Dir auslöst. Du hast Dich als Seele in diesem Leben dafür entschieden zu schreiben. Und in Deinen Worten fühlen die Menschen das Licht und die Liebe von Zuhause. Das ist Deine Bestimmung hier auf Erden: Licht und Liebe zu verbreiten. Durch Deine Worte werden viele einen unverkennbaren Widerhall in ihrem eigenen Herzen spüren, welches sich dadurch öffnen kann. Es ist Deine Aufgabe,

Menschen einfach und deutlich darüber in Kenntnis zu setzen, worum es im Leben auf der Erde geht. Daß Liebe die Basis von allem ist. Du darfst die richtigen Worte finden, die die Prozesse von anderen beschleunigen können, wodurch sie in ihrer Entwicklung und ihrem Wachstum unterstützt werden. Hierdurch bekommen sie Zugang zum nächsthöheren Niveau. Du kannst ihnen helfen, die Freude in ihrem Leben zu wecken.

Du hast Dich in diesem Leben dafür entschieden, diejenigen mit Worten zu erreichen, die angesprochen werden möchten. Mit uns zusammen arbeitest Du für den Frieden in jedermanns Herz und Du wirst dadurch vielen auf ihrem irdischen Pfad weiterhelfen können. Du bist auf Erden, um Freude zu verbreiten unter denen, die bereit sind, diese zu empfangen. Zusammen mit Deinen Lichtwesen bist Du hier, um Liebe, Licht und Freude an jeden zu verschenken, der Deinen Weg kreuzt. Du brauchst nicht so viel dafür zu tun, denn wenn Du irgendwo bist, strahlst Du einfach schon ganz viel Licht und Liebe aus. Du brauchst also eigentlich nur zu SEIN.

Du benötigst Ruhe und Stille, um zu schreiben, aber auch um Dich selbst aufzuladen. Es ist deshalb auch sehr wichtig, daß Du die Ruhe und die Stille suchst, denn dann ist es für uns hier Zuhause einfacher, Dir Dinge zuzuflüstern und Informationen durchzugeben, denn die beste Weise, Inspiration zu empfangen, ist nämlich still zu sein.

Es ist Deine Aufgabe, altes Wissen und alte Weisheit nach draußen zu bringen und mit dem zu verbinden, was in der Gesellschaft vonnöten ist. Deine eigene Weisheit so zu übersetzen, daß der andere es versteht und in der Lage ist, seine eigene Weisheit darin wiederzuerkennen und sich zu Er-Innern.

Deine Arbeit und Kraft liegen darin, die Grenzen anderer verschieben zu können, indem Du aus Liebe heraus über Zuhause erzählst und schreibst."

Ich fühlte mich sehr unbehaglich bei diesen schönen Worten. Ich konnte nicht wirklich glauben, daß sie mir galten. Aber ich wurde tief in meinem Innern wohl davon berührt, denn ich wußte, daß es eine meiner Passionen ist, über Zuhause zu erzählen und zu schreiben. Durch meine vorherigen drei Bücher durfte ich erfahren, wie schön dies ist und wie sehr meine Bücher viele Menschen berührt und inspiriert haben. Ich kann hierfür nur sehr dankbar sein.

Charion setzte seine Geschichte fort: „Der Grund dafür, warum ich Dir dies alles erzähle, ist, daß der Sinn darin liegt, daß Du alles, was Du während Deines Besuches in dieser Bibliothek von Zuhause gelesen und gelernt hast, wiederum in einem neuen Buch verarbeiten wirst. Und der Titel dieses Buches wird sein: *Licht & Liebe, Nachhausekommen zu Dir selbst*. Und um Dir schon mal einen Vorgeschmack darauf zu geben, überreiche ich Dir nun das erste Exemplar."

Ich war schon etwas überrascht, weil ich natürlich noch kein Wort aufs Papier gebracht hatte und es also eigentlich auch noch gar kein Buch geben konnte. Aber ich hatte Zuhause schon eigenartige Dinge erlebt, also wartete ich einfach ruhig ab, was da kommen würde.

Charion kam auf mich zu und legte ein Buch in meine Hände. Darauf stand deutlich mein Name und in dem Moment, als ich es berührte, löste es in mir eine große Welle der Freude aus und ich wußte, daß dies für mich etwas ganz Besonderes sein mußte. Neugierig schlug ich das Buch auf, denn ich war natürlich sehr gespannt, was alles darin stehen würde. Und was ich sah, übertraf wirklich alles. Es kamen große Strahlen von Licht und Liebe daraus hervor und sogleich verstand ich die Botschaft. Dies ist es, worum sich alles dreht, Licht und Liebe. Es sind eigentlich gar keine Worte nötig. Wenn Du nur gut auf Dein Herz hörst, findest Du immer alle Antworten. Und es geht dabei nicht um die Worte, die Du sagst oder schreibst, sondern um die Intention hinter den Worten. Und wenn Du wirklich vollkommen aus Deiner Seele sprichst, ist da nur noch Licht und Liebe und dann wirst Du ganz bei Dir selbst zuhause ankommen. Das ist es, worüber es in meinem nächsten Buch gehen würde und ich konnte kaum erwarten, damit zu beginnen.

Ich schaute Charion strahlend an und er wußte, daß ich dafür bereit war.

Er nahm mich fest in den Arm und sagte: „Liebes, ich bin sehr stolz auf Dich. Und sei Dir dessen bewußt, daß Du niemals alleine bist und daß wir Dich von Zuhause aus auf jegliche Art und Weise unterstützen und inspirieren werden. Wir sind so froh und dankbar, daß Du diese Aufgabe auf Dich genommen hast. Und jetzt ist es an der Zeit, wieder in Deinen Körper zurückzukehren. Merke Dir ganz genau, was ich Dir soeben alles erzählt habe. Schließe Deine Augen und denke an Deinen schlafenden Körper und vergiß nicht, daß ich immer bei Dir sein werde, Liebes." Ich schloß meine Augen und dachte an meinen Körper. Und als ich meine Augen wieder öffnete, merkte ich, daß ich in meinem Bett lag. Ich erinnerte mich glücklicherweise noch an alles, was ich gelernt hatte auf meiner besonderen nächtlichen Reise und ich wußte, was ich zu tun hatte. Ich war unheimlich dankbar für alles, was ich hatte lernen und empfangen dürfen in der außergewöhnlichen Bibliothek von Zuhause. Ich konnte kaum erwarten, mit dem Schreiben meines neuen Buches zu beginnen.

Ich wurde von Freude, Licht und Liebe durchströmt und ich fühlte mich vollständig Zuhause-Angekommen bei Mir-Selbst ...

Geh einen Schritt zurück
und laß das Universum Dir den Weg weisen.

# 9
# Meditationen

Auf den folgenden Seiten findest Du drei Meditationen, die Dir helfen können, bei Dir selbst zuhause anzukommen.

## Meditation, um Deine Seele zu erfahren

Setze Dich ruhig hin und schließe Deine Augen. Atme ein paar Mal tief ein und richte Deine Aufmerksamkeit auf Deinen ganzen Körper. Laß alles los und entspanne Dich vollkommen. Laß die Gedanken, die aufkommen, gleich wieder weiterziehen. Entspanne Dich und laß geschehen, was geschehen darf. Fühle das Bedürfnis, eine Reise in Dein Inneres zu machen.

Versuche mal, Dir vorzustellen, daß Du als Seele in Deinem Körper sitzt. Wo in Deinem Körper fühlst Du das am stärksten? Konzentriere Dich dann auf diesen Punkt. Es ist unwesentlich, wo das ist, bei jedem kann das woanders sein.

Sehe Dich selbst als kleine Lichtkugel an dieser Stelle. Du richtest all Deine Aufmerksamkeit darauf und merkst wie von selbst, daß Du größer und heller wirst. Jetzt richtest Du Dich als Seele vollkommen auf und streckst Dich genüßlich aus, gerade so, als ob Du aus tiefem Schlaf erwachst. Du fühlst, wie Du immer größer wirst. Du füllst Deinen Körper vollständig mit Deiner Seelenenergie auf und Du bist Dir bewußt, daß dieser Körper nur eine Hülle ist.

Dein Körper ist sozusagen Dein wunderbares Fortbewegungsmittel hier auf Erden, womit Du all die Erfahrungen machen kannst, für die Du Dich als Seele entschieden hast. Deshalb mußt Du auch sehr gut für Deinen Körper sorgen und liebevoll damit umgehen. Laß nun die Energie sich noch etwas weiter ausbreiten und Du wirst merken, daß sie sogar aus Deinem Körper hinausgeht. Laß es einfach geschehen. Laß sie so weit ausstrahlen, wie es sich für Dich gut anfühlt. Genieße dieses Gefühl.

Bringe jetzt die Energie langsam wieder zurück in Deinen Körper. Langsam, Schritt für Schritt. Bringe sie so weit zurück, wie es sich gut für Dich anfühlt.

Atme ein paar Mal tief ein und bewege Deine Hände und Füße ein wenig. Streck Dich eben genüßlich aus und wenn Du soweit bist, öffnest Du wieder Deine Augen.

Und denke daran, daß Du nicht Dein Körper *bist*, sondern daß Du einen Körper *hast*!

## Meditation, um in den Fluss Deines Lebens zu kommen

Setze Dich ruhig hin und schließe die Augen. Atme ein paar Mal tief ein und richte Deine Aufmerksamkeit auf Deinen ganzen Körper. Laß alles los und entspanne Dich vollkommen. Laß die Gedanken, die aufkommen, gleich wieder weiterziehen. Entspanne Dich und lasse geschehen, was geschehen darf.

Stelle Dir dann mal vor, daß Du einen herrlichen Spaziergang in einem wunderschönen Wald machst. Die Sonne scheint und Vögel und Schmetterlinge flattern fröhlich um Dich herum. Du atmest die frische Waldluft tief in Dich hinein und Du fühlst Dich herrlich fit und lebendig. Schau Dich mal gut um. Was für Bäume und Sträucher siehst Du? Vielleicht sind in dem Wald auch noch mehr Tiere, die Dir Gesellschaft leisten wollen. Nimm alles gut in Dich auf und genieße es.

Während Du so spazieren gehst, siehst Du einen Weg, der zu einem Bach führt. Du läufst ruhig darauf zu und als Du am Ufer ankommst, siehst Du das wunderbare Glitzern der Sonne auf dem klaren strömenden Wasser. Du gehst ein Stückchen mit dem Strom des Baches mit und dann siehst Du etwas entfernt ein kleines Boot liegen. Gehe mal dorthin. Was für ein Boot ist es eigentlich, wie sieht es aus?

Dann setzt oder legst Du Dich ruhig in das Boot, so wie Du es selbst am angenehmsten findest. Das Boot setzt sich langsam in Bewegung. Laß Dich mal herrlich mitnehmen. Habe Vertrauen und laß alles los. Du merkst, daß Du in die Richtung eines glitzernden Lichts treibst, wie dem einer strahlenden Sonne. Es fühlt sich herrlich und befreiend an. Dies ist Dein Lebensstrom, der Strom Deines Seelenplans. Manchmal stößt Du sacht gegen Felsblöcke an, aber Du kannst es ruhig geschehen lassen, ohne Dich hieran festhalten zu wollen. Du entspannst Dich noch mehr und vertraust völlig darauf, daß dieser Strom Dich einzig und allein dorthin bringen wird, wo Du zu sein gehörst. Trotz der Hindernisse, die Du unterwegs antreffen wirst.

Sage nun zu Dir selbst: Ich befinde mich im Fluß und der fließt gut. Ich bin davon überzeugt, daß alles, was ich mir wünsche und was ich brauche, sich im richtigen Moment für mich entfalten wird. Ich mache mir um nichts mehr Gedanken oder Sorgen, denn ich vertraue auf das Universum und ich fließe vollkommen und entspannt mit meinem eigenen Strom mit.

Du kannst, wenn Du willst, einfach in Deinem Boot sitzen oder liegen bleiben und so immer wieder zu diesem herrlichen, befreienden Gefühl zurückkehren, Dich einfach mit Deinem Lebensstrom mittreiben zu lassen. Du weißt jetzt, wie Du da hinkommen kannst.

Atme ein paar Mal tief ein und bewege Deine Hände und Füße ein wenig. Strecke Dich genüßlich aus und wenn Du soweit bist, dann öffne ruhig Deine Augen.

# Geistige-Führer-Meditation

Du machst jetzt eine Meditation, um Dir der liebevollen Anwesenheit und Hilfe Deines geistigen Führers bewußt zu werden. Du stehst in diesem Leben nicht alleine, auch wenn Du das oft denkst. Da ist so viel liebevolle Hilfe um Dich herum und davon darfst Du Gebrauch machen. So gerne, denn es wird sehnsüchtig auf den Moment gewartet, in dem Du die Hilfe erbittest. Das ist der Moment, wo die Hilfe auch wirklich eintritt.

Setze oder lege Dich ruhig hin und schließe die Augen. Atme ein paar Mal tief ein und richte Deine Aufmerksamkeit auf Deinen ganzen Körper. Laß alles los und entspanne Dich vollkommen. Laß die Gedanken, die aufkommen, gleich wieder weiterziehen. Entspanne Dich und laß geschehen, was geschehen darf. Fühle ein Bedürfnis in Dir, Deinem geistigen Führer zu begegnen und eine Reise in Dein Inneres zu machen.

Konzentriere Dich auf Dein Steißbein und laß von dort eine rote Schnur in die Erde hineingehen, durch alle Erdschichten hindurch, bis sie den Mittelpunkt der Erde erreicht hat. Bitte Mutter

Erde um ihre Energie und fühle, wie diese Energie in Deinen Körper hineinströmt.

Konzentriere Dich dann auf ein großes, helles, strahlendes, weißes Licht über Deinem Kopf. Diese strahlende, weiße Lichtkugel geht in Dich hinein und um Dich herum und wird Dich beschützen und Dir Energie geben. Laß etwas von dem weißen Licht in Dein Herz fließen und fühle, wie ein Gefühl von Geborgenheit und Einheit in Dir selbst entsteht.

Stelle Dir dann vor, daß Du vor einer schönen Treppe stehst, ganz in Deinen Farben gestaltet. Du stehst unterhalb der Treppe. Oben an der Treppe ist eine Tür und hinter der Tür ist ein Zimmer. Dort wirst Du Deinen geistigen Führer treffen.

Du gehst in Gedanken die Treppe nach oben. Oben an der Treppe siehst Du eine schöne Tür oder Pforte. Du fühlst eine allumfassende Liebe und Du weißt, daß Dein Führer bei Dir ist.

Du öffnest die Tür und kommst in Dein Zimmer der Begegnung. Zu Deinem eigenen Platz zusammen mit Deinem Führer. Wenn Du Deinen Führer nicht siehst, dann bitte ihn, zu Dir zu kommen. Und Du wirst ihn auf Dich zukommen sehen. Umarmt einander und fühle Dich von Licht und Liebe erfüllt. Schau Dich mal um: Was für ein Zimmer ist es? Vielleicht siehst Du ein Sofa oder eine andere Sitzgelegenheit? Dein Führer hält Deine Hand fest und zusammen setzt Ihr Euch dorthin.

Wenn Du dort sitzt, dann stelle Deinem Führer ruhig Fragen. Vielleicht möchtest Du nichts fragen, sondern Dich einfach nur an Deinen Führer anlehnen. Alles ist gut. Wenn Du Deinen Führer doch etwas fragst, achte dann vor allem auf Dein erstes Gefühl oder Deinen ersten Eindruck. Das erste, was in Dir aufkommt, daran hältst Du Dich fest, denn das ist die Antwort Deines Führers.

Dann stellt sich der geistige Führer hinter Dich und legt seine Hände auf Deine Schultern. Du fühlst eine unermessliche positive Kraft durch Dich hindurchströmen. Alles Negative wird umgewandelt in Liebe. Dein Herz kommt zum Leben und öffnet sich wie eine Blume.

Dann stehst Du auf und Ihr geht zusammen zu der Tür. Du öffnest sie und zusammen lauft Ihr hinunter. Du brauchst keinen Abschied von Deinem Führer zu nehmen, denn er ist immer bei Dir. Vergesse nicht, Deinem Führer für alles, was Du empfangen durftest, zu danken. Nimm diese liebevolle Energie sogleich mit in Dein tägliches Leben auf. Sei Dir so oft wie möglich der liebevollen Anwesenheit und Hilfe Deines geistigen Führers bewußt.

Atme wieder ein paar Mal tief ein und bewege ein wenig Deine Hände und Füße. Strecke Dich genüßlich aus und wenn Du soweit bist, dann öffnest Du ruhig Deine Augen.

Dankbarkeit ist der Schlüssel zum Glück.

# Dankeswort

Gerne möchte ich wieder meinem lieben und treuen Führer Charion danken für seine Geduld mit mir, seine bedingungslose Liebe und Unterstützung. Dankeschön für all Deine Hilfe beim Schreiben auch dieses Buches und alle Inspirationen und Antworten, die ich von Dir empfangen durfte. Es ist herrlich zu wissen, daß Du immer bei mir bist.

Selbstverständlich auch ganz herzlichen Dank an meinen lieben Mann Maurice und meine tollen Söhne Koen und Tom. Dankeschön für Euer Vertrauen in mich. Es ist so wertvoll, daß Ihr mich immer so unterstützt und ermuntert habt, mit dem Schreiben fortzufahren. Ich bin *GlückSelig* mit Euch!

Ebenfalls möchte ich gerne Jo-Ann Snel van Boekenbent für ihre Hilfe beim Gestalten dieses Buches danken. Es ist sehr schön, jemanden dabei zu haben, der auf derselben Wellenlänge ist und genau weiß, was ich ausdrücken möchte. Vielen Dank dafür!

Auch möchte ich sehr gerne Inge, Anelan und Uta von ganzem

Herzen für das Übersetzen dieses Buches danken. Ich hatte vollstes Vertrauen, daß Ihr das Gefühl und die Liebe hinter den Worten zu erhalten wissen würdet, und das habt Ihr mehr als wahr gemacht!

Zuletzt danke ich allen lieben Lesern, die irgendwann einmal reagiert haben auf eines meiner früheren Bücher *Das Märchen vom Tod* und *GlückSelig.* Aufgrund der vielen besonderen und oft berührenden Reaktionen fand ich den Mut, noch ein weiteres Buch in Deutsch herauszubringen.

Ich hoffe, daß Sie durch das Lesen dieses Buches wirklich Zuhause bei sich selbst ankommen werden, und ich wünsche Ihnen ein Leben voller Licht & Liebe.

Marie-Claire

# Anlagen

Lebe jetzt, mache Dir keine Sorgen über Gestern oder Morgen,
sondern sei glücklich im Moment.

## Mehr Information über Marie-Claire

Marie-Claire van der Bruggen (1969) ist die niederländische Autorin der sechs Bestseller: Das Märchen vom Tod, GlückSelig, Licht & Liebe, Die Rückkehr nach Hause, Besuch im Himmel und Spirituelle Sterbebegleitung. Sie folgte einer zweijährigen Ausbildung in Sterbebegleitung und durfte ganz vielen Menschen helfen mit dem betritt nach Hause.

Sie war sich als Kind schon einer Welt bewußt, die andere nicht wahrnehmen konnten und in der sie sich außerordentlich wohlfühlte. Hier auf der Erde fühlte sie sich nicht sehr zuhause und hatte oft eine seltsame Art von Heimweh nach etwas, das sie nicht gut in Worte fassen konnte. Langsam, aber sicher fand sie nach langer Suche und mit Hilfe ihres geistigen Führers Charion Antwort auf viele ihrer Lebensfragen.

Es ist ihr Wunsch, mit ihren Erfahrungen Menschen zu inspirieren, sich zu Er-Innern, wer sie wirklich sind und wo sie eigentlich herkommen. Daß sie mehr sind als nur ein Körper. Auch findet sie es wichtig, die Angst rund um den Tod und das Sterben wegzunehmen. Sie hofft, dies zu realisieren durch ihre Bücher, Kurse und Workshops. Mit großer Freude gibt sie auch Vorträge im In- und Ausland.

Mehr Information über Marie-Claire, ihre Aktivitäten und Bücher findest Du auf www.gluckselig.nl.

# E-Kursus Er-Innern

*Persönliche und Intuitive Entwicklung*

Dieser Kursus besteht aus zehn inspirierenden Lektionen und basiert auch auf dem Buch *GlückSelig*. Diese Lektionen bekommst Du nach und nach über E-Mail zugeschickt. Zu jedem Thema gibt es eine geleitete Meditation, die durch mich selbst gesprochen ist. Neben einigen Basiskenntnissen wird der Kursus größtenteils gehen über das Er-Innern, wer Du wirklich bist und wo Du eigentlich herkommst.

Die Lektionen aus diesem Kursus sind eine Vertiefung der Themen aus all meinen Büchern. Es ist also kein Standardkursus intuitiver Entwicklung. Es geht ein Stück tiefer. Du bearbeitest wirklich Deine eigenen Themen. Das wird Dein Vertrauen in das Leben stärken und Dir weiterhelfen bei Deiner eigenen persönlichen Entwicklung.

Der E-Kursus besteht aus folgenden zehn Lektionen:

1. Er-Innern, wer Du wirklich bist
2. Gedanken Im Hier-und-Jetzt sein
3. Passion und Inspiration
4. Kontakt mit Deinem geistigen Führer
5. Wählen zwischen Angst und Liebe
6. Die Kraft der
7. Loslassen und Vertrauen
8. Dankbarkeit
9. Die Heimkehr nach Hause
10. Feier Dein Leben!

Mehr Informationen hierüber findest Du auf www.gluckselig.nl.

# E-Kursus Spirituelle Sterbebegleitung

*- Von Seele zu Seele -*

Das Sterben ist eine der wichtigsten Phasen des Lebens. In dem Moment, wenn ein Mensch erfährt, dass er sterben wird, ist plötzlich nichts mehr, wie es war. Nicht nur geistig und körperlich, sondern sicher auch auf Seelenniveau. Was geschieht eigentlich auf Seelenniveau während des Sterbeprozesses und was ist wichtig, hierbei zu tun oder auch zu lassen, betrachtet aus Sicht der Seele.

Der rote Faden dieses E-Kursusses ist meine Überzeugung, dass wir mehr als nur ein Körper sind. Ich möchte den Menschen gerne dabei helfen, sich daran zu Er-innern, wer sie wirklich sind. Dass der Tod nicht das Ende ist, sondern eine Rückkehr dorthin, wo wir eigentlich herkommen. Mir ist es vor allem sehr wichtig, zu versuchen einen Großteil der Angst vor dem Sterben und dem Tod zu nehmen. Mit diesem Kursus möchte ich gerne mein Wissen weitergeben und anderen zeigen, wie sie Sterbende auf Seelenniveau auf eine angenehme und würdevolle Art und Weise beim Übertritt nach Hause begleiten können.

Der Kursus besteht aus zehn Lektionen. Diese Lektionen bekommen Sie als E-Mail zugesandt. Zu jeder Lektion gibt es auch eine geführte Meditation oder einen kleinen informativen Film. Sie können zu jeder Zeit beginnen.

Mehr Informationen hierüber findest Du auf www.gluckselig.nl.

## Andere Bücher von Marie-Claire

*Das Märchen vom Tod* ist die inspirierende Geschichte einer kleinen Seele, die sich zum allerersten Mal auf die Reise zur Erde macht. In dem Buch wird beschrieben, welche Vorbereitungen dafür getroffen werden müssen und wie es für eine Seele ist, in einem menschlichen Körper geboren zu werden; wie das Leben auf der Erde durch die Augen einer Seele erfahren wird und schließlich wie eine Seele den Tod erlebt beziehungsweise die Rückkehr nach Hause.

Das alles wird auf klare und einfache Art erzählt. Die kleine Seele nimmt Dich mit auf ihr großes Abenteuer. Es ist eine wundersame Reise, durch die Du vielleicht wieder entdeckst, wer Du wirklich bist und woher Du eigentlich kommst. Und auch, daß Du keine Angst vor dem Tod haben mußt. Es ist eigentlich ein Märchen …

Von diesem Buch wurden inzwischen schon mehr als 40.000 Exemplare verkauft. Das Buch wurde auch ins Englische und Deutsche übersetzt.

In ihrem Buch *Besuch im Himmel* lässt Marie-Claire van der Bruggen die letzten Lebenstage ihres Vaters noch einmal aufleben.

Im Moment des Todes ihres Vaters bildet sich eine Brücke zwischen dieser und der anderen Welt, die sie in die Lage versetzt, den Übergang als ein berührendes und dankbares Erlebnis zu erfahren.
Nach einiger Zeit kommen Marie-Claire und ihr Vater wieder miteinander in Kontakt. In einer Reihe von Gesprächen, die sich zwischen ihnen entfalten, bekommen wir mehr Deutlichkeit über alles, was während unseres Sterbens mit uns geschieht und wie es nach unserem Tod für uns weitergeht.

In dem Buch *GlückSelig* erkennt die Ich-Figur, dass sie ihr Leben hier auf der Erde nicht wirklich genießen kann und das widerstrebt ihr stets mehr. Vor allem, weil sie das Gefühl hat, mehr zu sein als nur ein Körper. Langsam, aber sicher kommt die Erinnerung nach oben, wer sie wirklich ist und wo sie eigentlich herkommt. Diese Erkenntnis verursacht Heimweh und macht das Leben auf der Erde noch schwieriger. Die Ich-Figur macht einen langen Spaziergang um einen Waldsee und trifft dabei eine Anzahl von Wesen - Engel und geistige Führer -, die ihr Stück für Stück Ratschläge geben, wie sie ihr Leben auf der Erde glücklicher und angenehmer gestalten kann bis zu dem Moment, in dem sie wieder ihren Weg nach Hause antritt.

Das sind weise Lektionen. Nicht nur für die Ich-Figur, sondern für jeden, der auf derselben Suche ist und sich mit denselben Fragen auseinandersetzt. Wenn Du danach strebst, die Ratschläge in die Praxis umzusetzen, dann kannst Du das höchste Ziel auf Erden erreichen: GlückSelig zu sein. Dann kreierst Du Zuhause auf Erden. Denn es gibt nur einen Menschen hier auf der Erde, der für Dein Glück verantwortlich ist, und das bist Du selbst. *GlückSelig* ermöglicht anhand einer Vielzahl von Schlüsselbegriffen eine ganz andere Betrachtungsweise von Leben, Sterben und Tod. Es ist ein trostreiches Buch mit weisen Lektionen für das eigene Glück.

*Die Rückkehr nach Hause* das fünfte Buch von Marie-Claire van der Bruggen ist ein ermutigendes Buch, das Dir helfen kann, Dich wieder zu Er-Innern wer Du wirklich bist und wo Du eigentlich herkommst. Sie sagt selbst folgendes dazu: „Jeder hat Jugenderinnerungen. Ich natürlich auch, aber die meinen gehen ein ganzes Stück weiter zurück und diese möchte ich in diesem Buch gerne mit Euch teilen. Ich kann mich nämlich noch glasklar an das Sterben in meinem vorigen Leben erinnern, die Rückkehr nach Hause (wie ich das nenne), den Aufenthalt dort, die Entscheidung für dieses Leben, das Eintreten in diesen Körper und das Geborenwerden. Aufgrund dieser Erinnerungen und manch anderer besonderer Erfahrungen weiß ich, daß der Tod nicht wirklich existiert. Er ist gewissermaßen der Übergang in eine andere Dimension. Du gehst sozusagen wieder zurück an den Ort, von dem Du eigentlich herkommst.

In diesem Buch wirst Du entdecken, was auf Seelenniveau alles mit Dir geschieht, wenn Du den irdischen Körper losgelassen hast und wieder nach Hause zurückkehrst. Was erwartet Dich da alles und wie sieht das „Leben" dort aus. Das Buch ist in gewisser Hinsicht ein Reiseführer für Deine Seele. Ich hoffe hiermit Menschen die Angst vor dem Sterben und dem Tod nehmen zu dürfen und sich dessen bewußt werden zu lassen, daß Liebe ewig währt und uns für immer verbindet. Liebe endet nicht mit dem Tod!

Bei vielen Dingen, die Du lesen wirst, wird Dich ein Gefühl des Wiedererkennens ergreifen und dann wirst Du erkennen, daß Du dies alles schon lange weißt. Du wirst Dich wieder der Dinge erinnern, die Du tief in Deinem Innern schon immer wußtest, denn Deine Seele hat sie niemals vergessen.

Und das ist die wahre Rückkehr nach Hause......"

Das Sterben ist einer der wichtigsten Phasen im Leben. In dem Moment, in dem jemand erfährt, dass er sterben wird, ändert sich plötzlich alles. Nicht nur körperlich und geistig, sondern sicherlich auch auf seelischer Ebene. Aber was passiert eigentlich während des Sterbeprozesses und danach? Und was ist wichtig, dabei zu tun, aber ebenso zu lassen, aus der Perspektive der Seele.

Der rote Faden in diesem Buch *Spirituelle Sterbebegeleitung* ist meine Überzeugung, dass wir sind als nur ein Körper. Ich möchte den Menschen helfen, sich daran zu erinnern, wer sie wirklich sind, dass der Tod nicht das Ende ist, sondern eine Rückkehr dorthin, wo wir eigentlich herkommen. Ich halte es für besonders wichtig, zu versuchen, so viel Angst wie möglich vor dem Sterben und dem Tod zu nehmen, und auch anderen beizubringen, Sterbende auf der Seelenebene auf schöne und wertvolle Weise mit dem Übergang nach Hause zu begleiten.

Dieses Buch richtet sich an alle, die mehr über spirituelle Sterbebegleitung, den Sterbeprozess und das, was nach dem Tod geschieht, erfahren möchten. Aber eigentlich ist es wichtige Information für jeden, denn früher oder später wird jeder Mensch mit dem Sterben von anderen und schließlich auch mit seinem eigenen Sterben konfrontiert sein…

Zu den behandelten Themen gehören unter anderem: Was braucht ein Sterbender, was passiert auf der Seelenebene wenn wir sterben und danach, Kinder und Tod, unterstützende Ressourcen, Kommunikation und einfühlsames Zuhören, Abschiedsrituale, palliative Sedierung, Euthanasie, die letzte Pflege und Trauer.

Ich hoffe, dass dieses Buch Ihnen hilft, liebevoll von Seele zu Seele mit Sterben und dem Tod umzugehen!